JONAS DAHLSTRÖM

07:27:47

KERBER PHOTO

Alla bilder i den här boken är tagna någonstans i Sverige mellan 2016 och 2020.

En del av bilderna har varit helt oplanerade, men ofta har jag arbetat systematiskt i mitt val av platser och tidpunkter för fotograferandet. I slutändan har jag ändå varit utlämnad åt faktorer som jag inte kunnat styra över.

Mitt sökande efter motiv har tagit mig från Tomelilla i söder till Luleå i norr, från stadskärnor till ändhållplatser. Oavsett om jag har lyckats ta några bilder eller ej, så har jag fått många nya intryck längs vägen. Jag har tagit mig tid att upptäcka mitt land på ett sätt som har varit mycket berikande.

Någonstans i processen började jag att fråga mig själv varför det blivit så viktigt för mig att ta dessa bilder. Jag insåg då att de yttre landskap som jag velat fånga i själva verket var projektioner av ett inre landskap. Genom kameran kunde jag se dess konturer framträda, med staden som bakgrund.

JONAS DAHLSTRÖM

The images in this book
were all taken somewhere
in Sweden between 2016 and
2020.

Some of the images have been made
spontaneously, but most of them were
systematically planned in terms of both hour
and location. Nevertheless, I have still been at
the mercy of circumstances beyond my control.

In my search for locations, I have travelled from
Tomelilla in the south to Luleå in the north, from city centres
to end-of-the-line suburbia. Whether I captured any images
or not, I gathered many impressions along the way. I have
granted myself valuable time to explore my country in a way that
has been very enriching.

Somewhere during this process, I started to ask myself why making these
images had become so important to me. I began to realise that the external
landscapes that I wanted to capture were in fact projections of an internal
landscape. Through my camera, I could see its contours emerge, with the city as
a backdrop.

JONAS DAHLSTRÖM

07:27:47

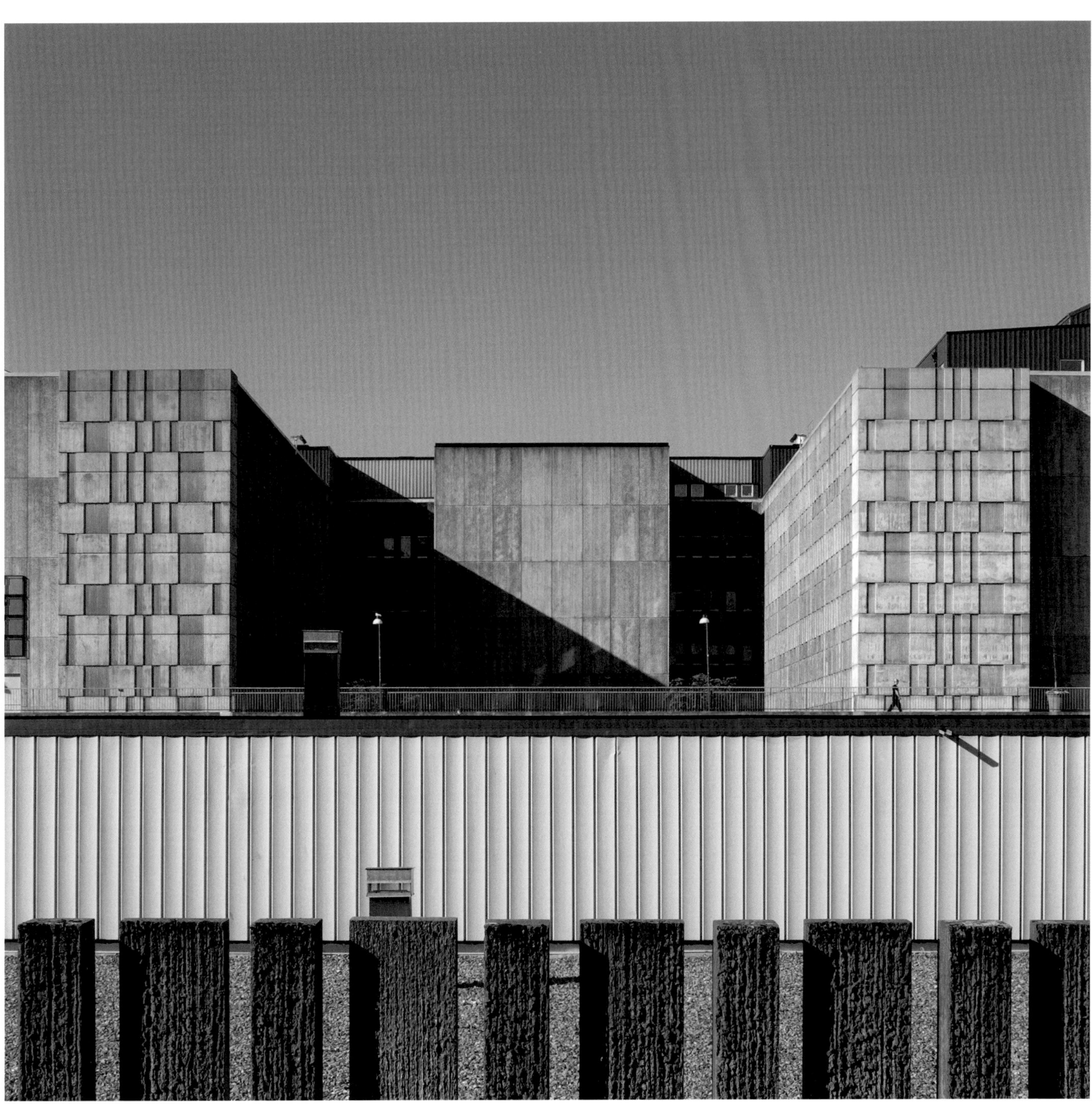

07:37:53

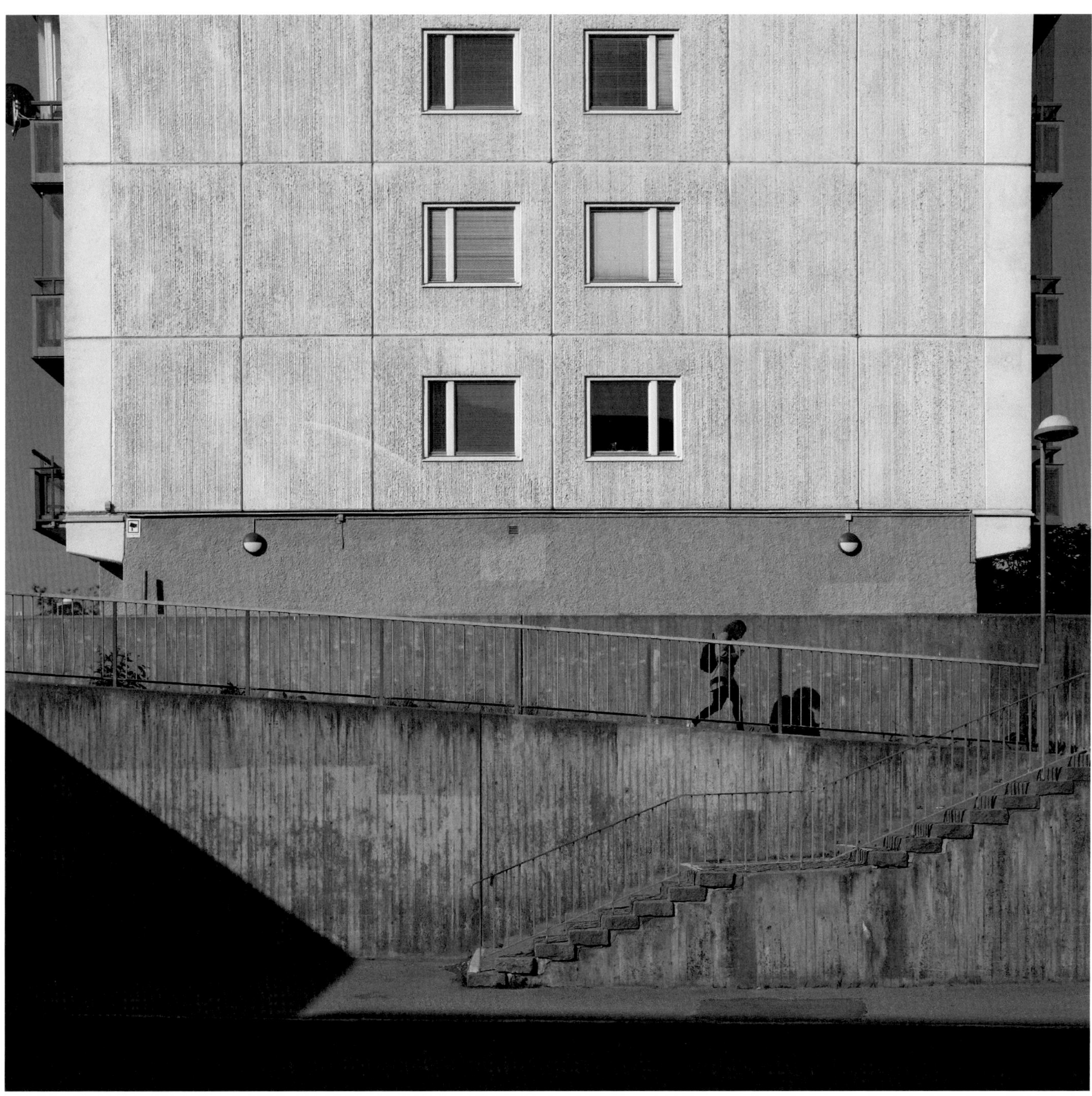

08:13:45

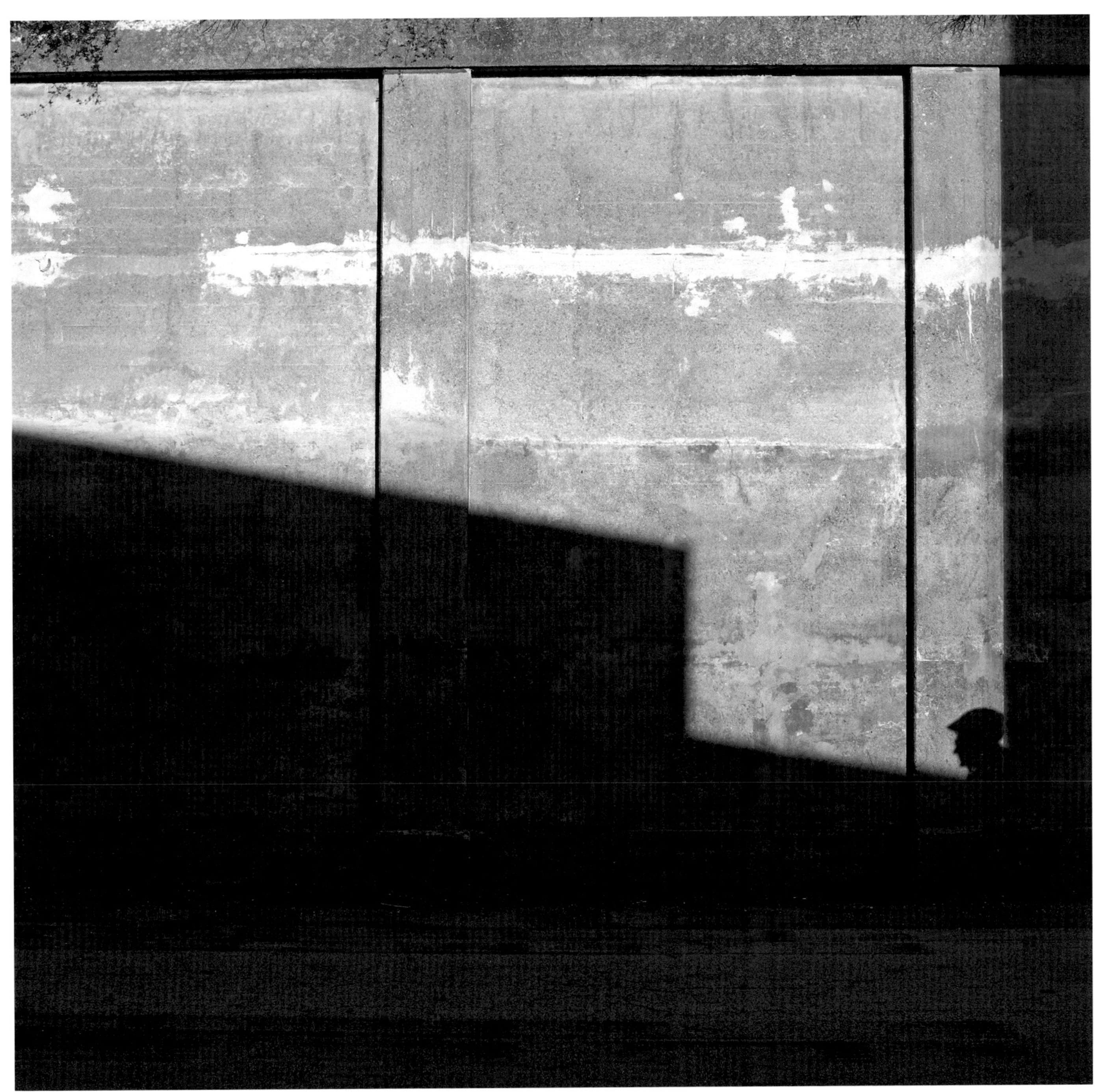

08:14:36

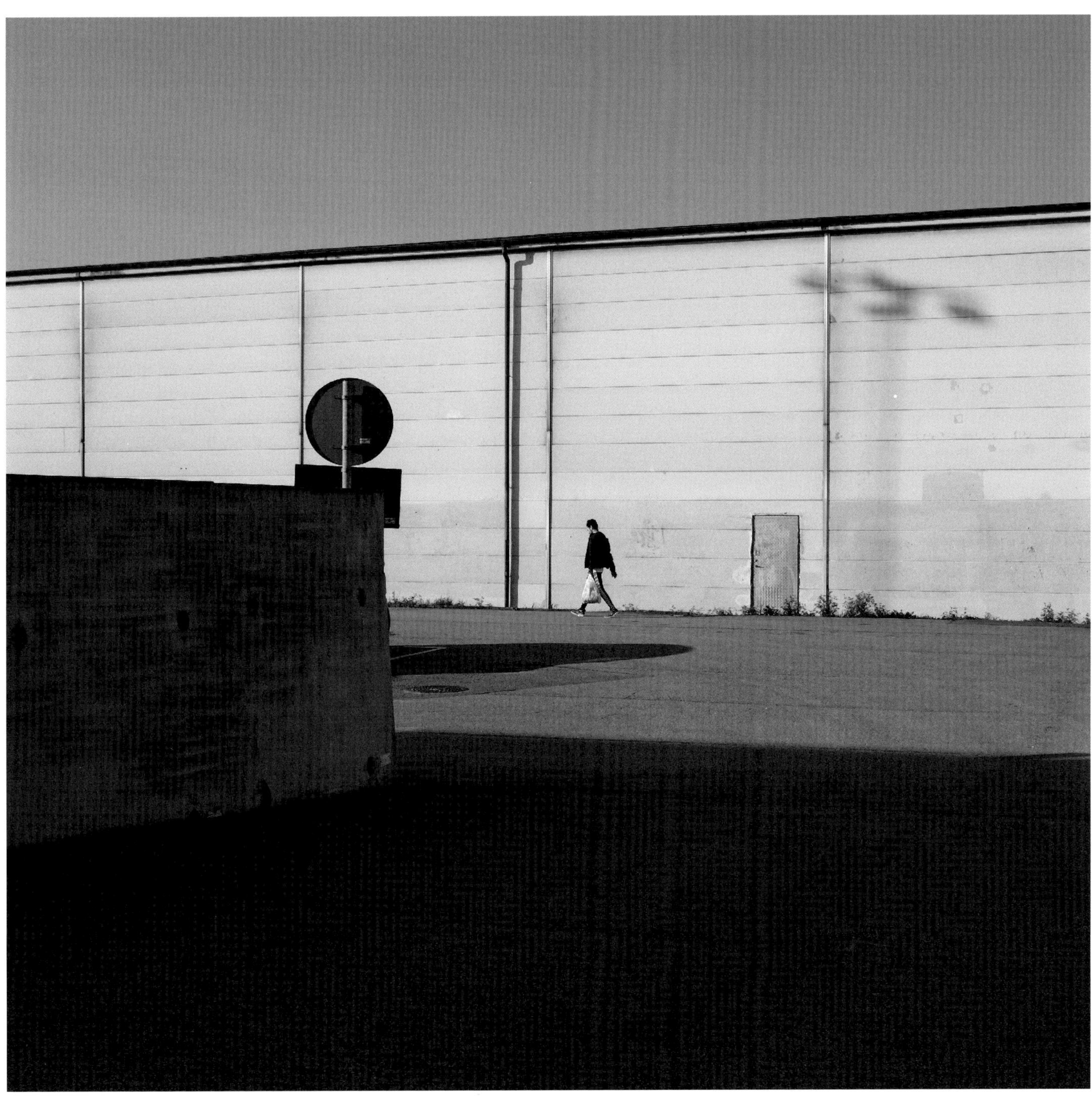

08:23:26

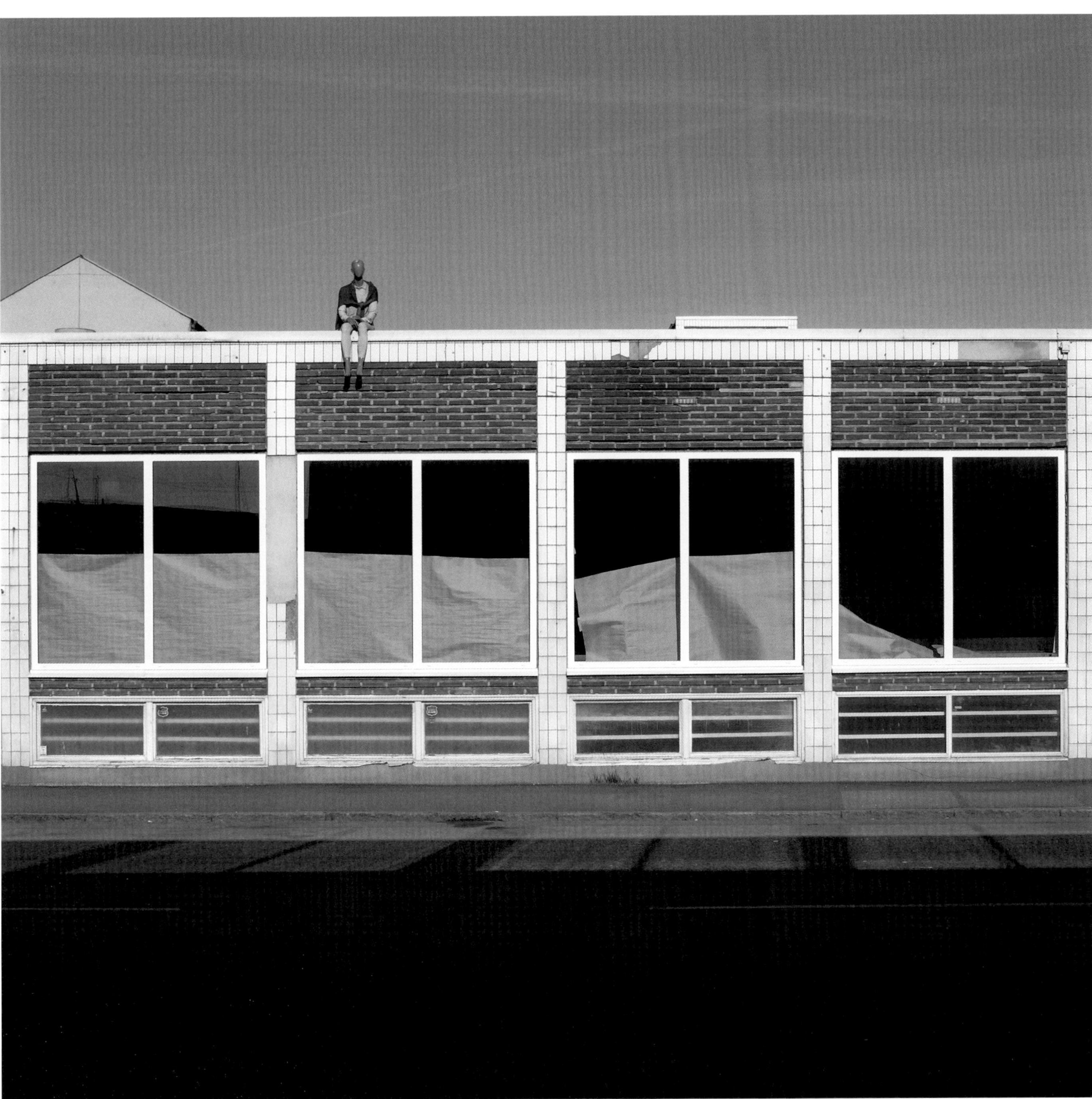

08:55:45

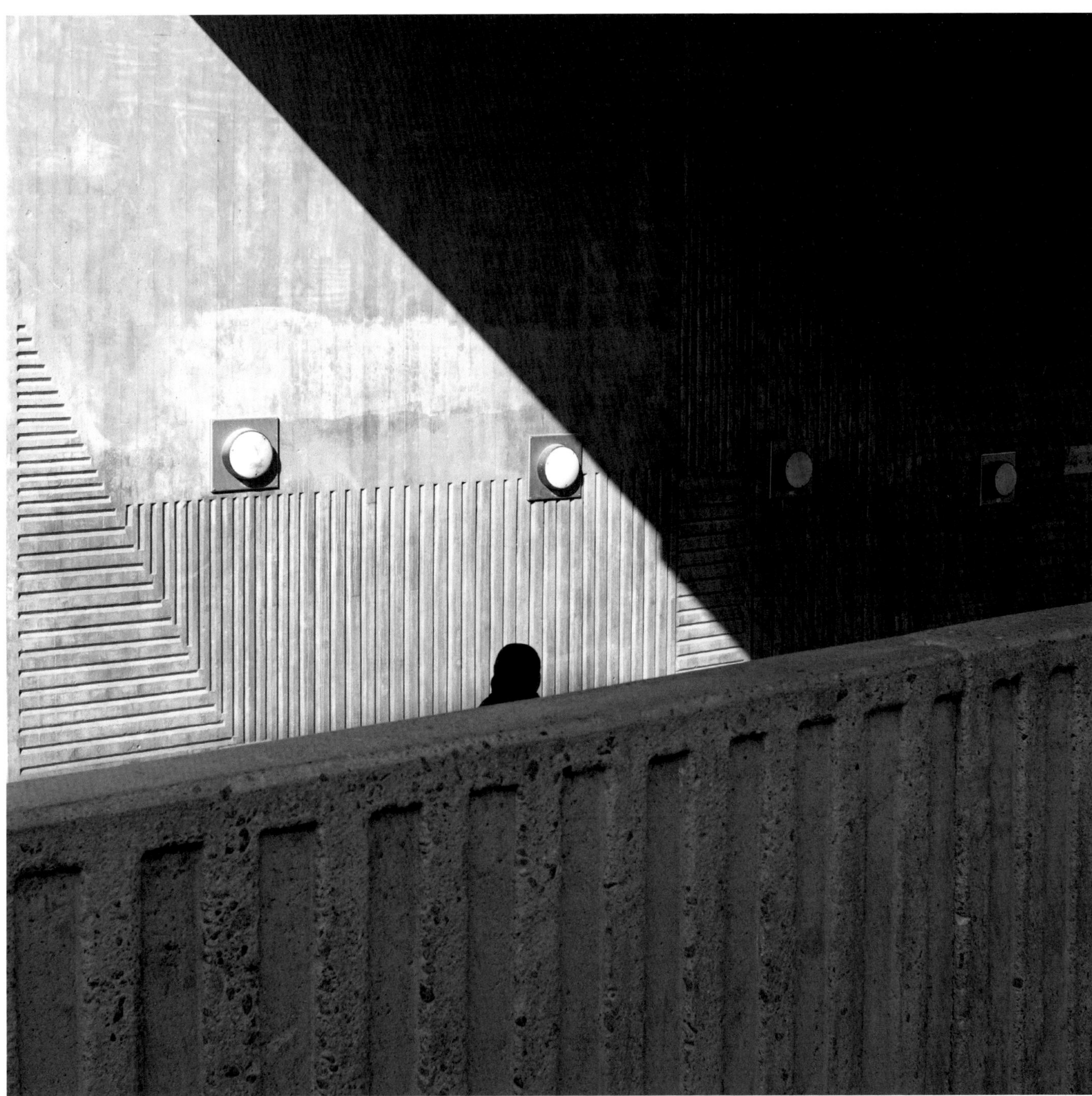

09:12:22

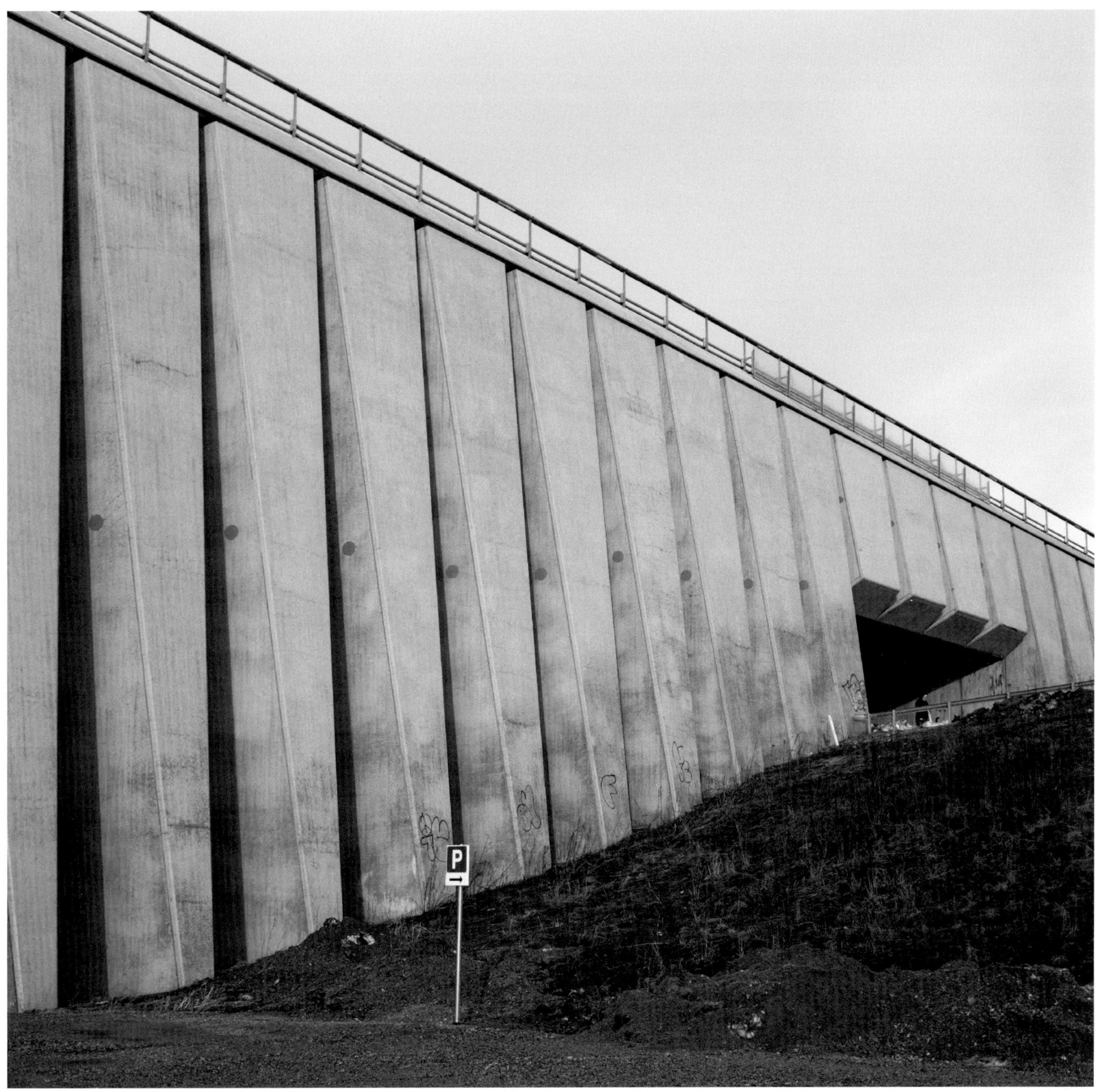

09:23:57

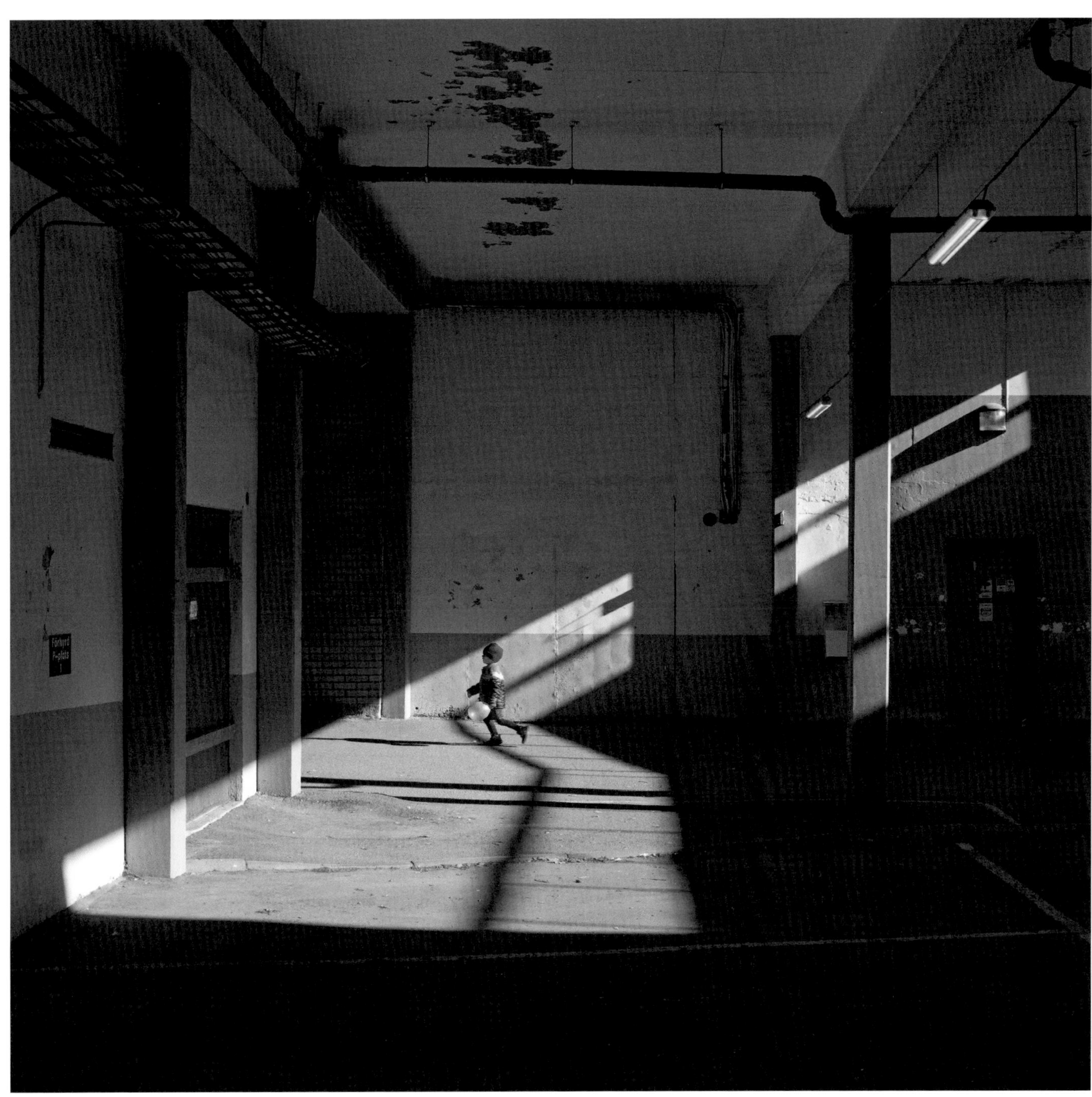
Förbjud
P-plats
1

09:24:17

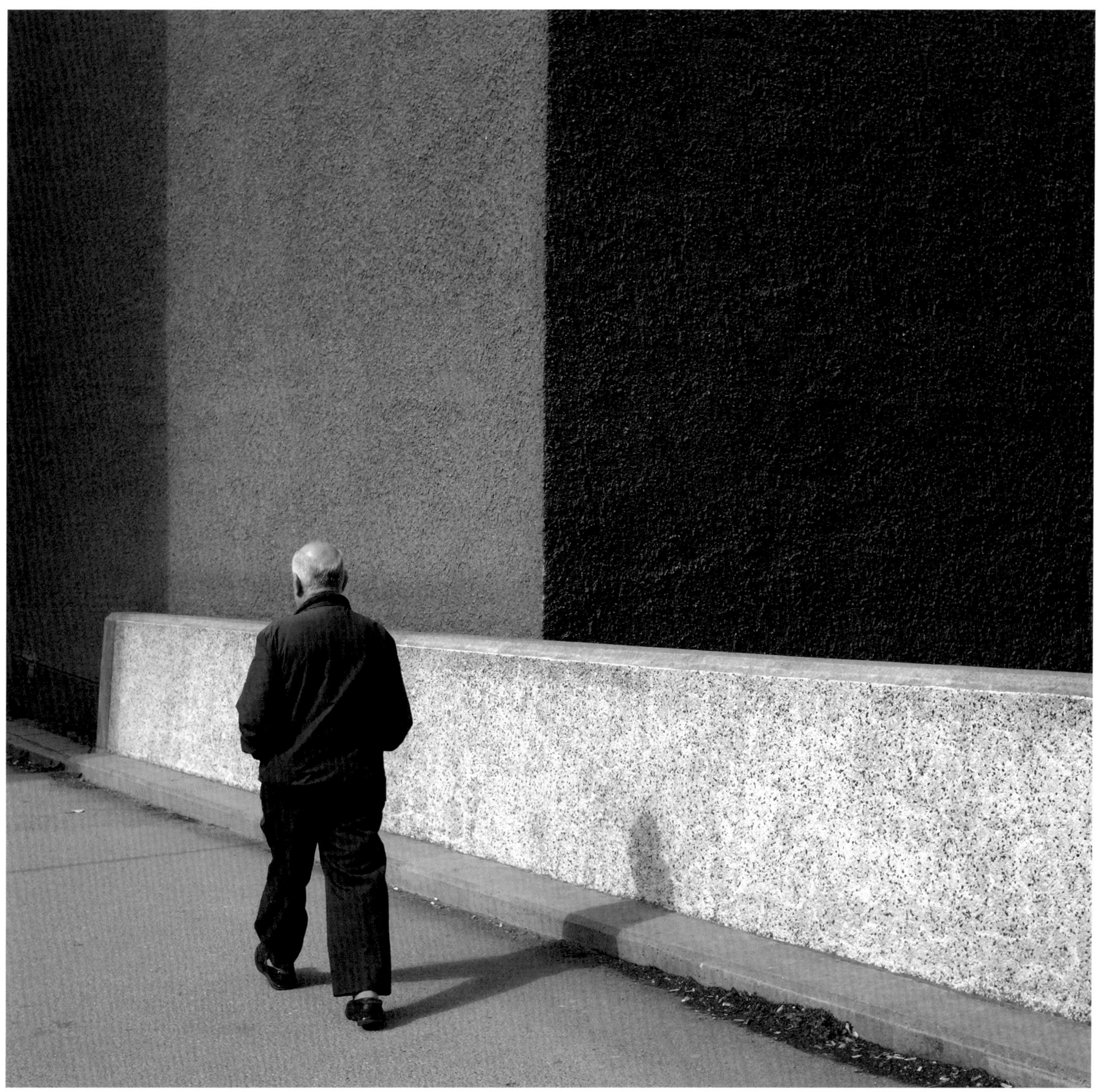

09:29:11

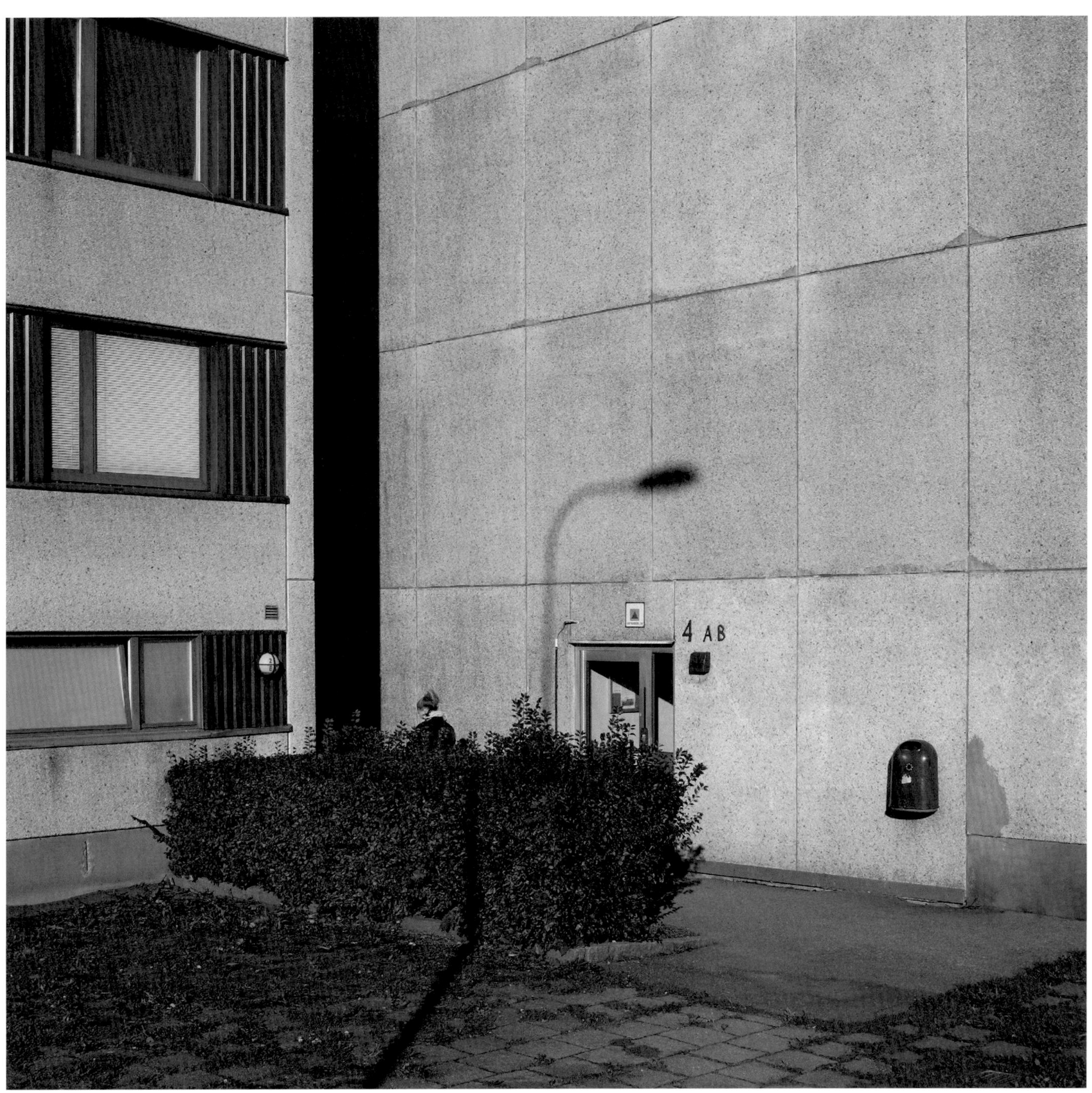
4 AB

10:00:44

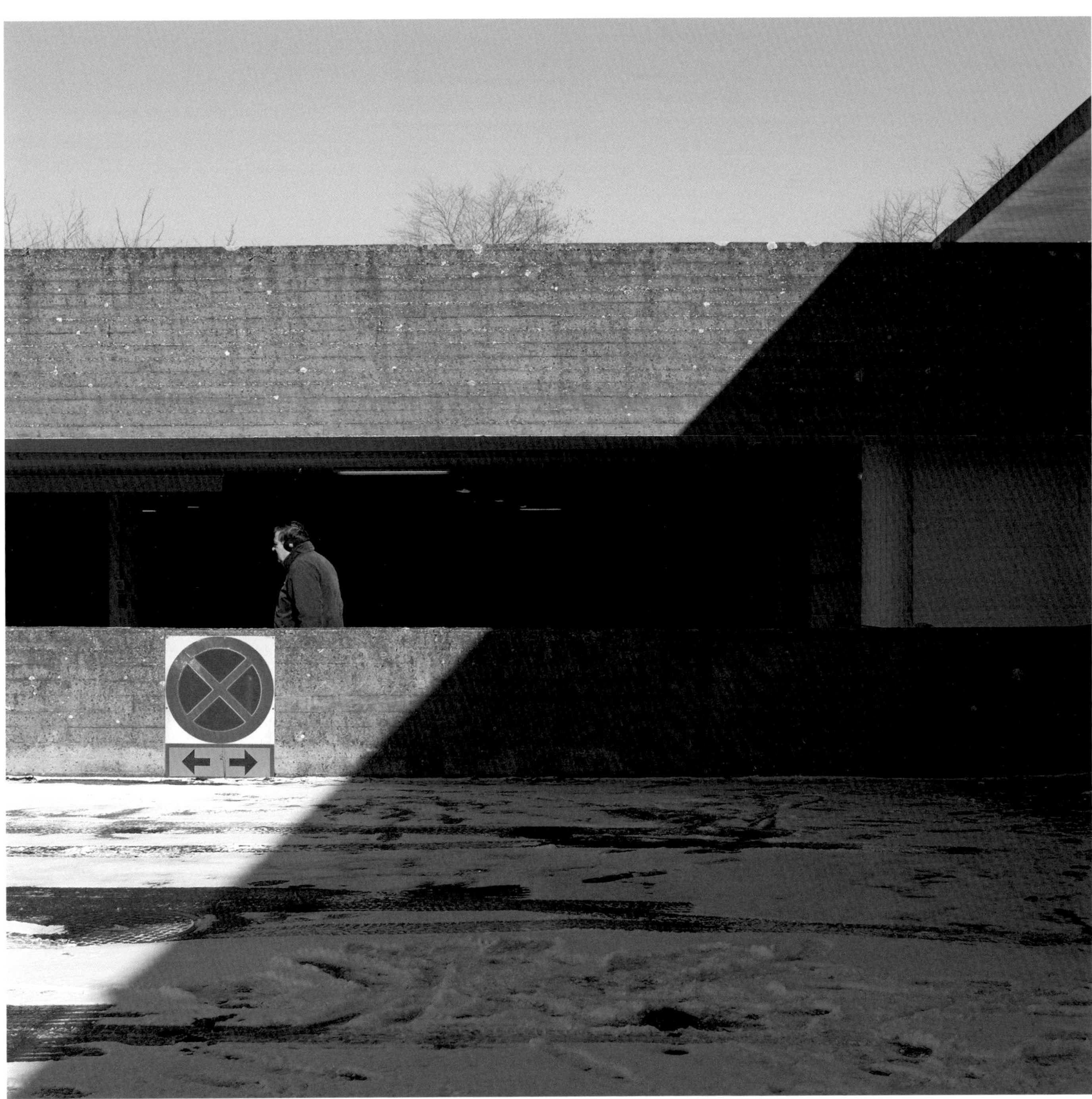

10:08:30

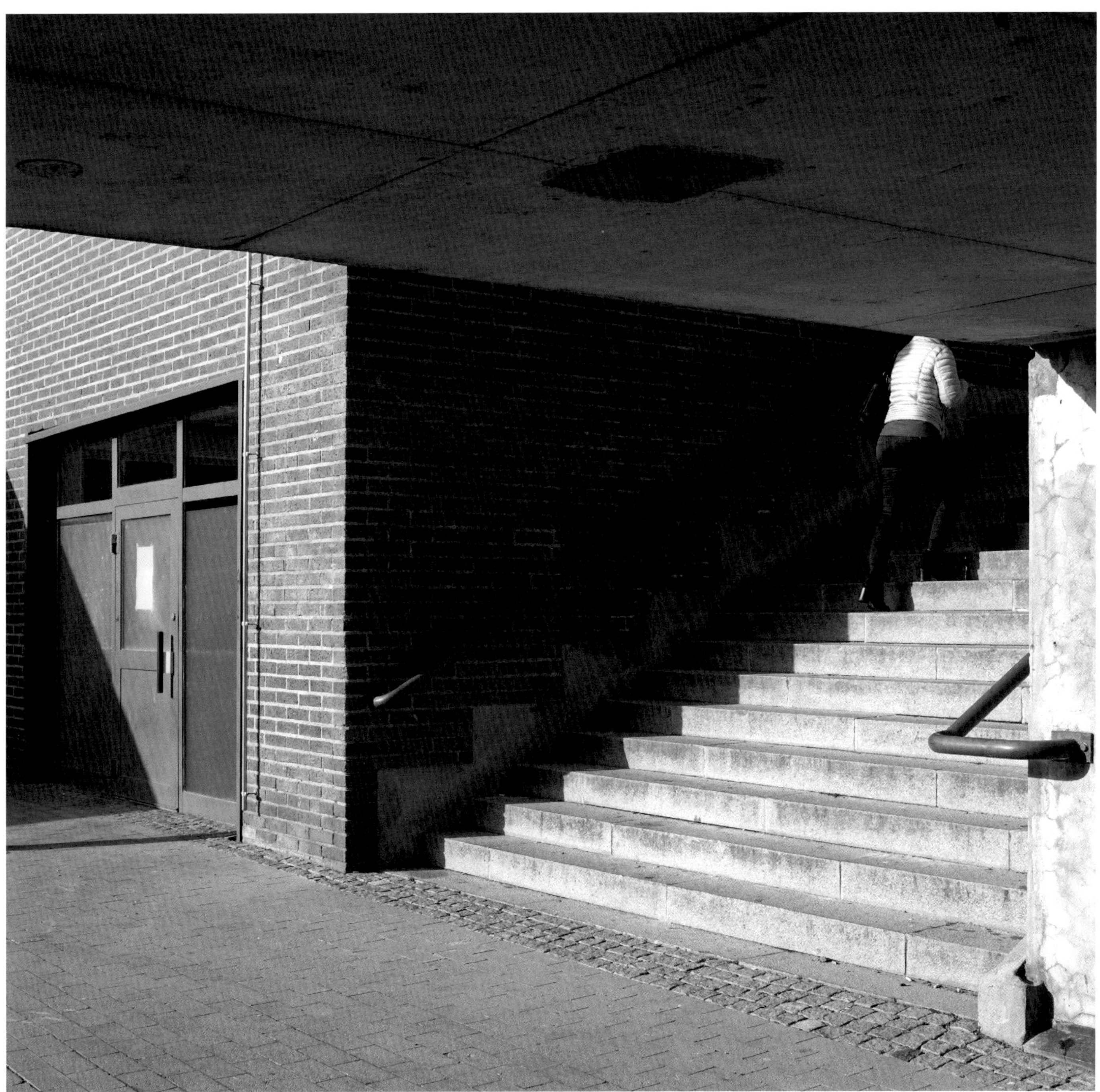

10:17:54

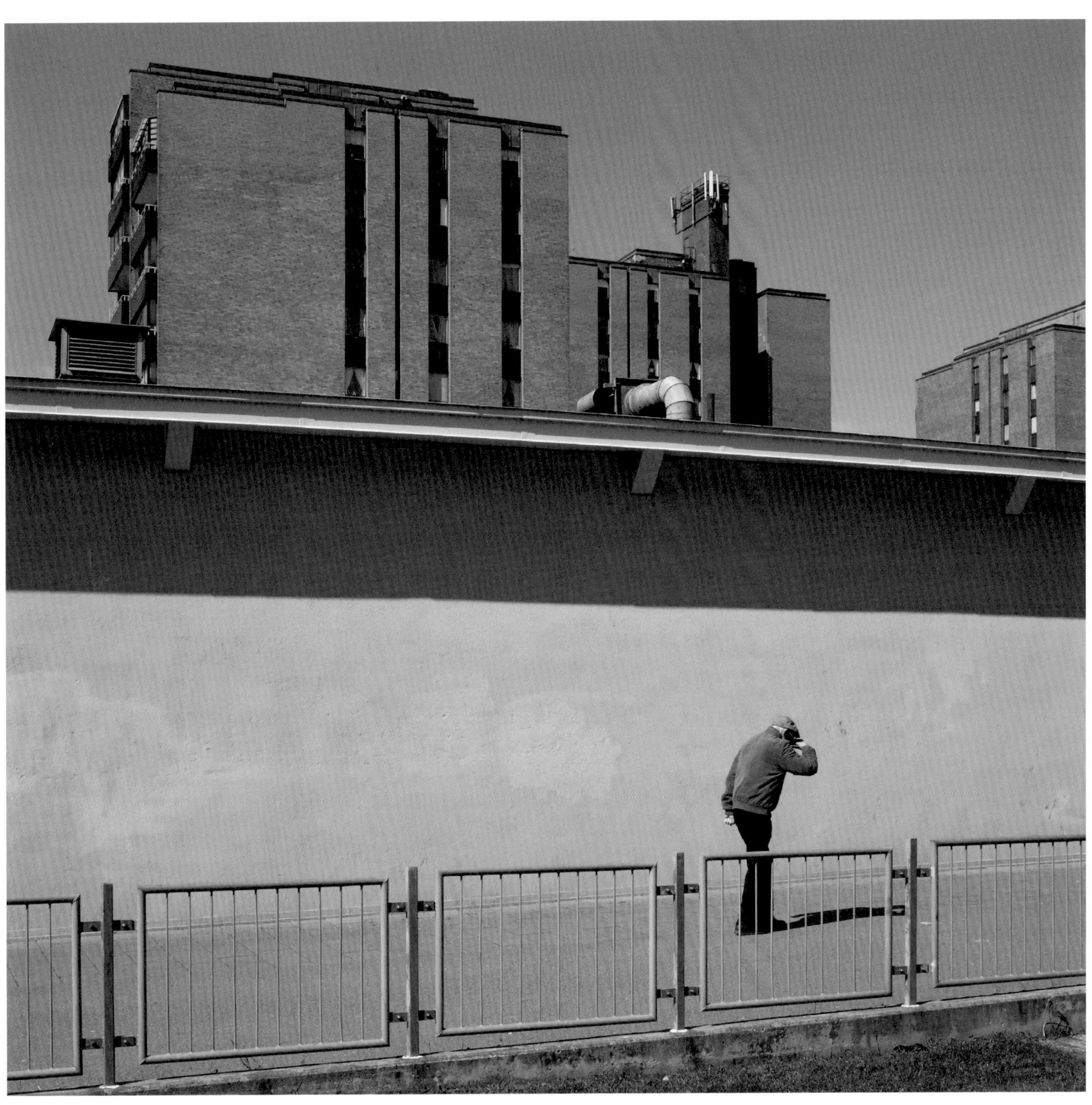

10:27:34

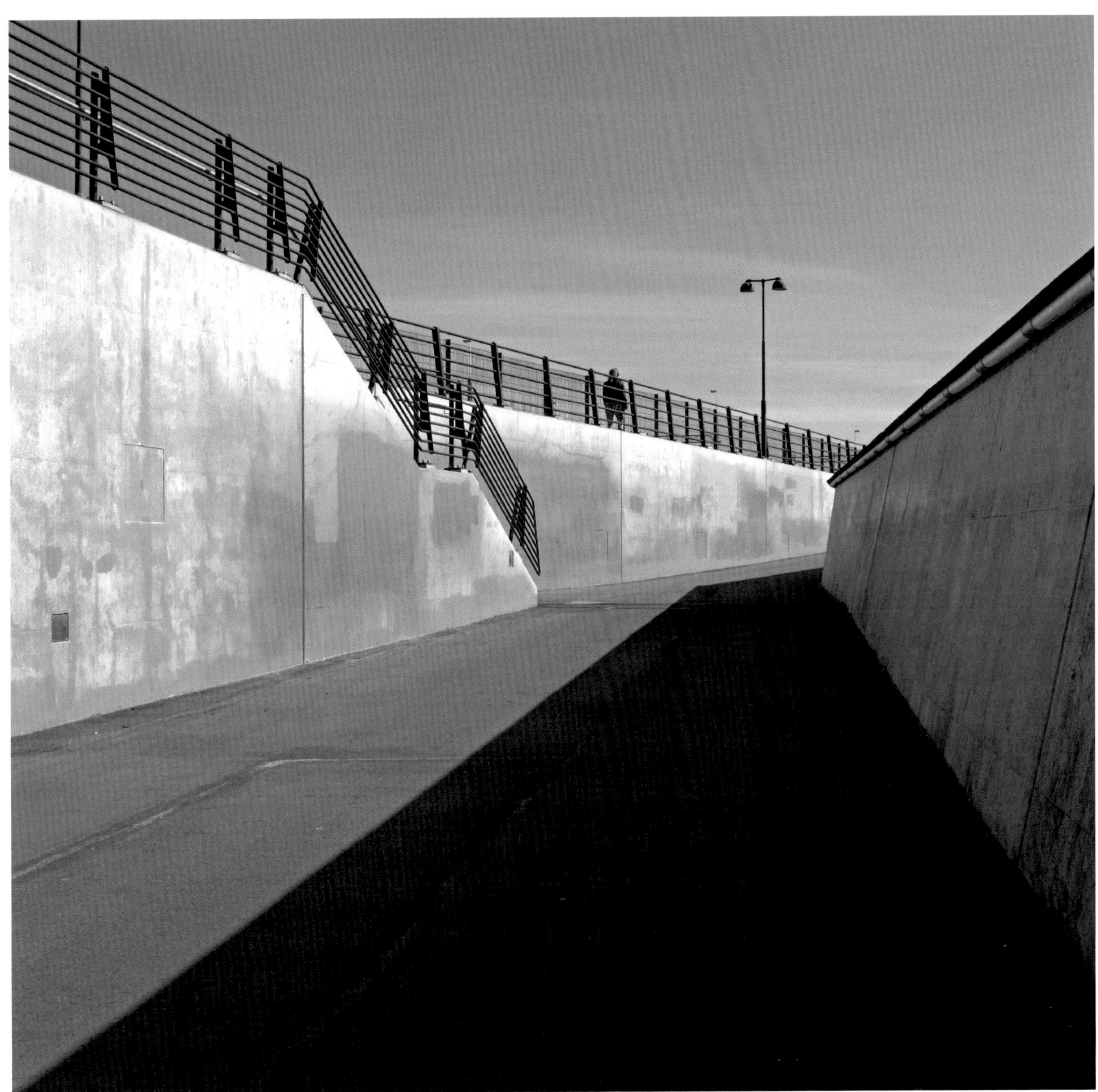

10:30:16

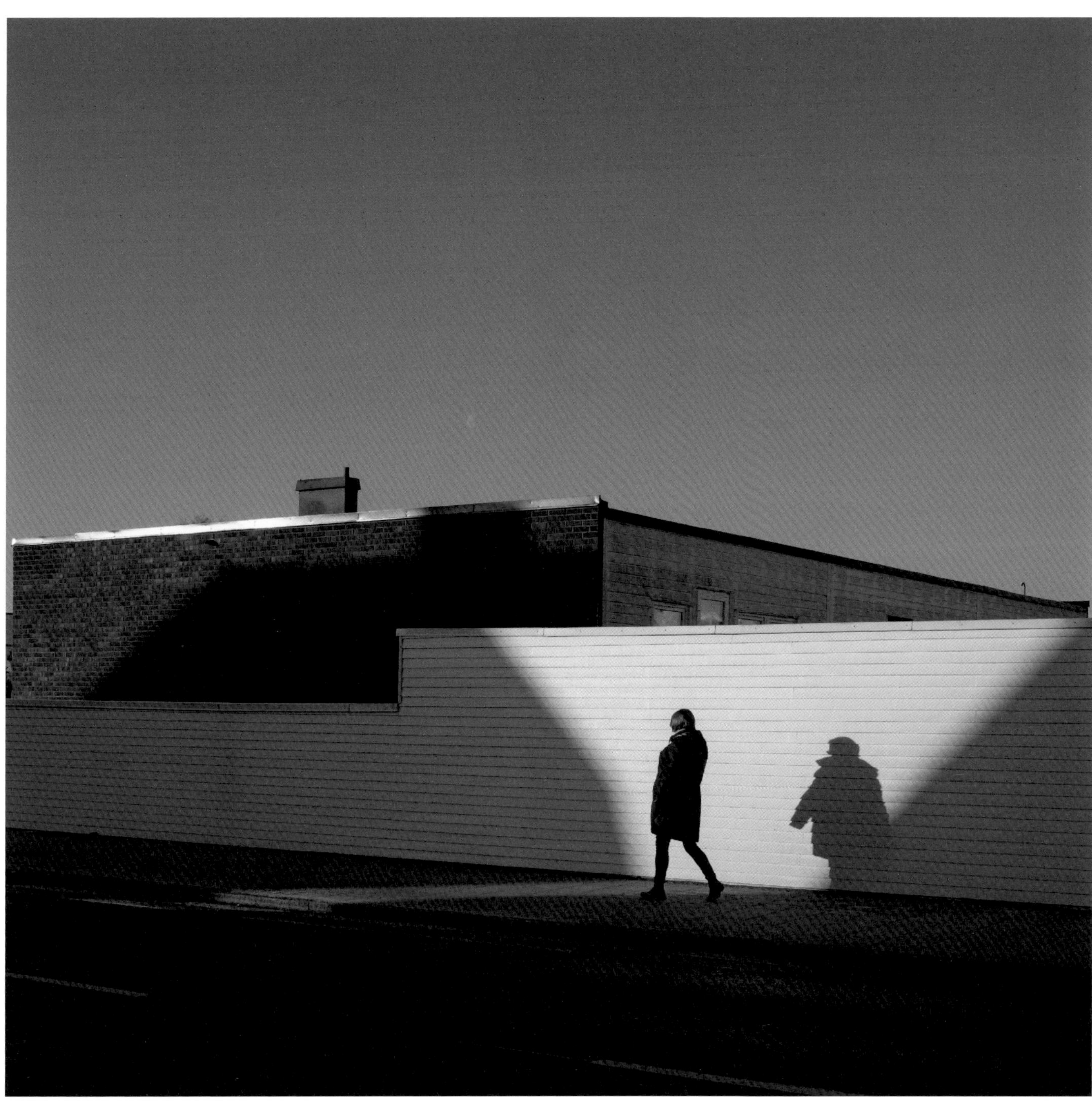

11:05:56

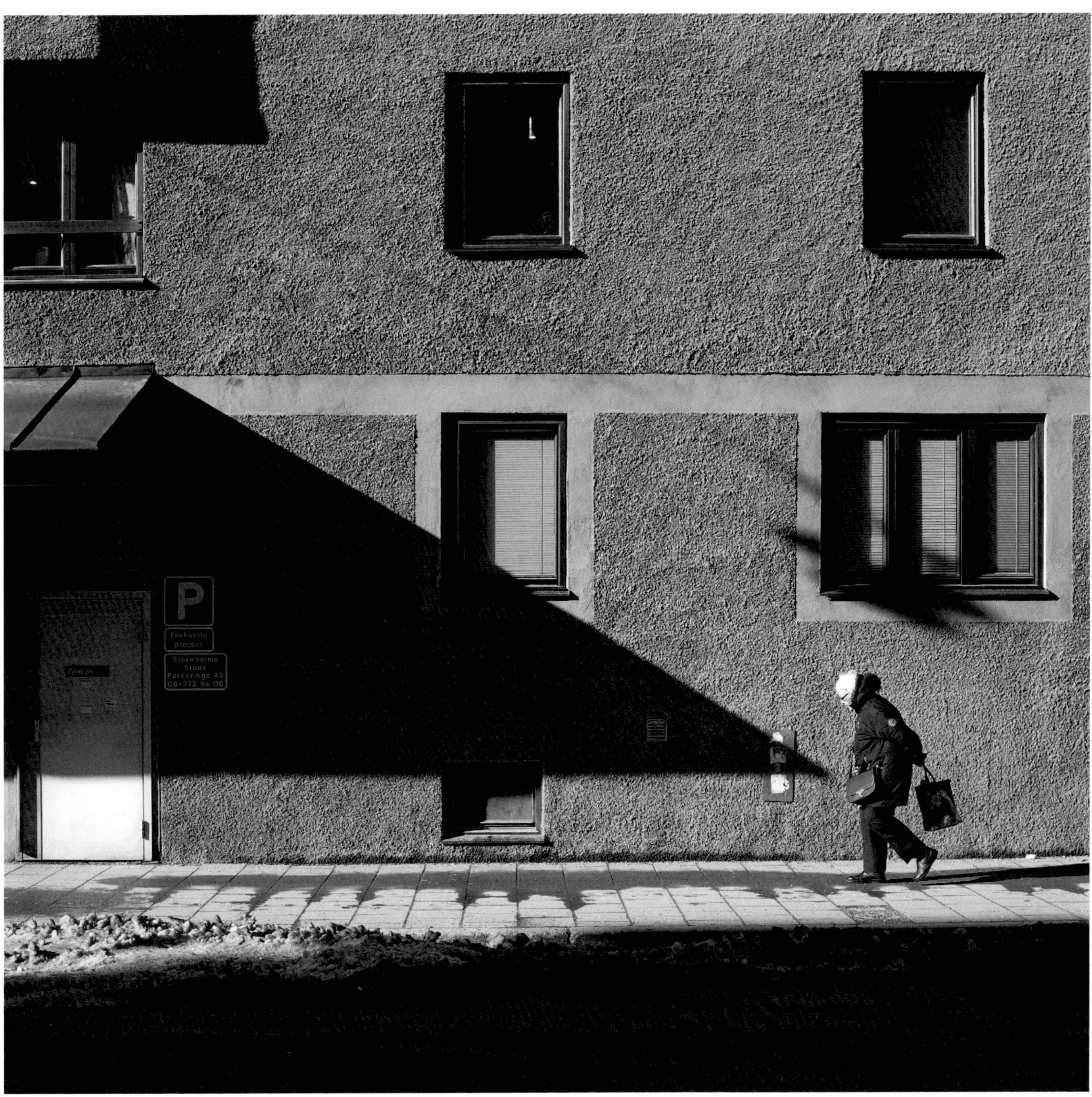
P
Förhyrda
platser
Stockholms
Stads
Parkerings AB
08-772 96 00

11:20:13

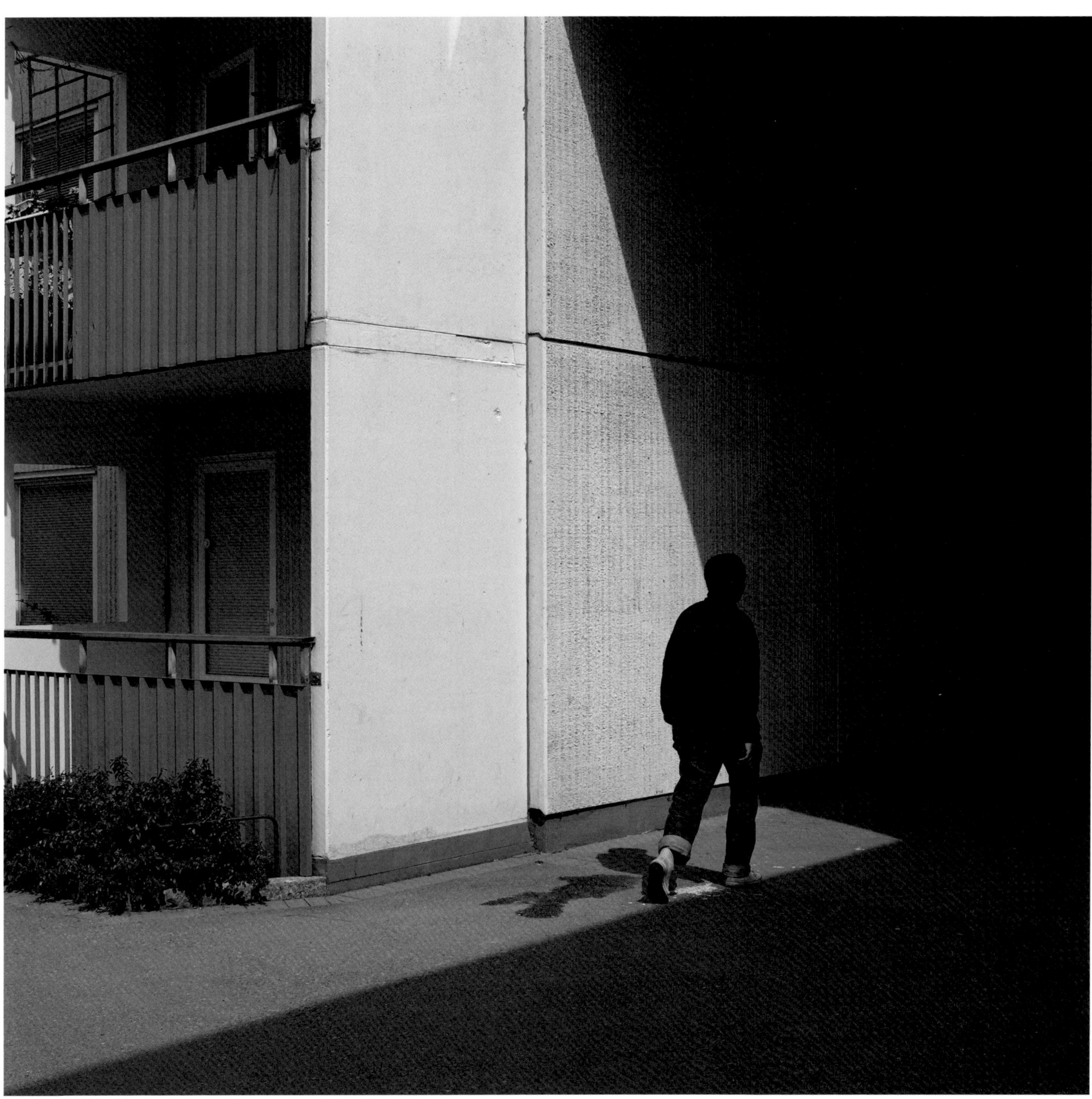

11:21:37

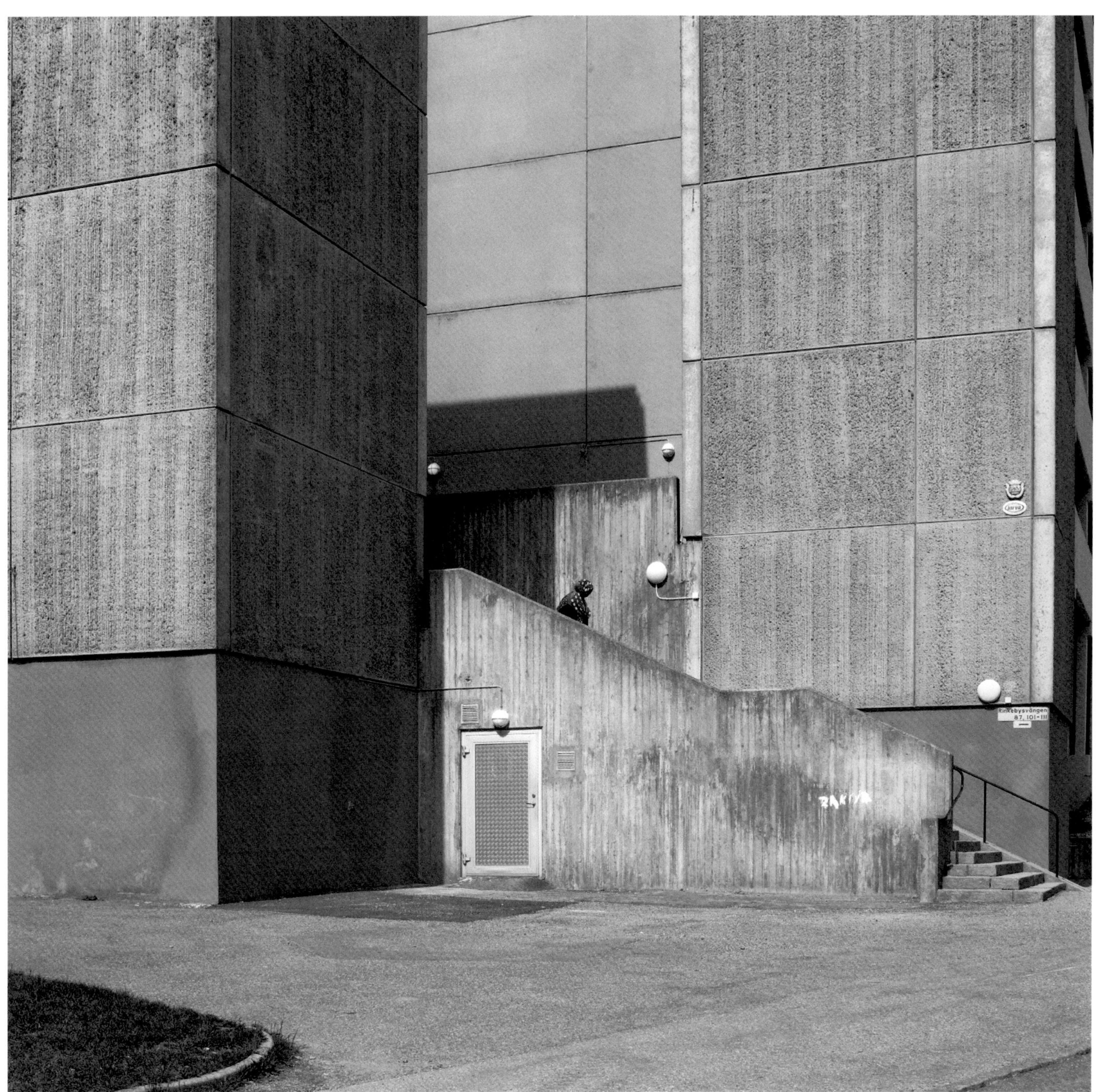

11:41:01

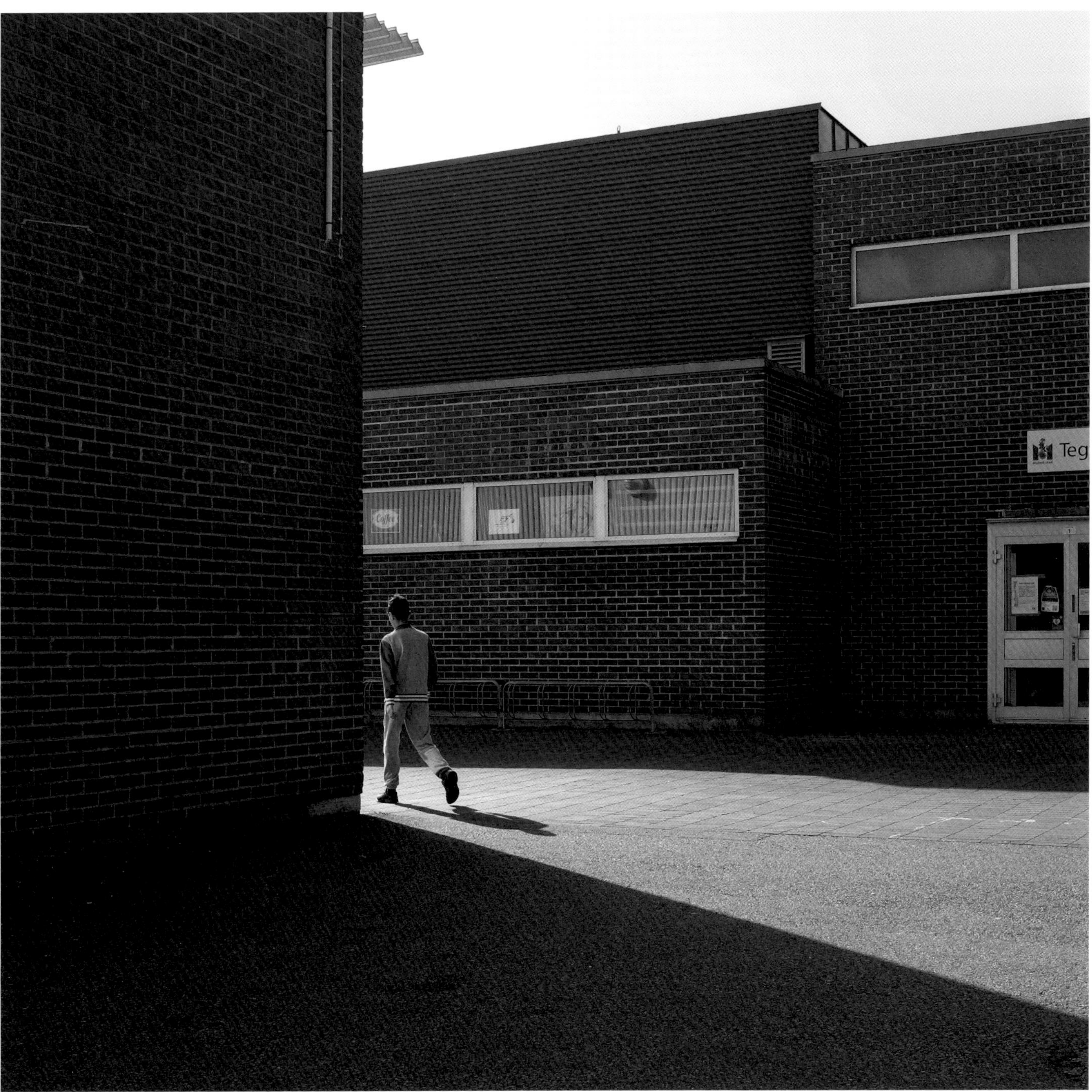

12:01:28

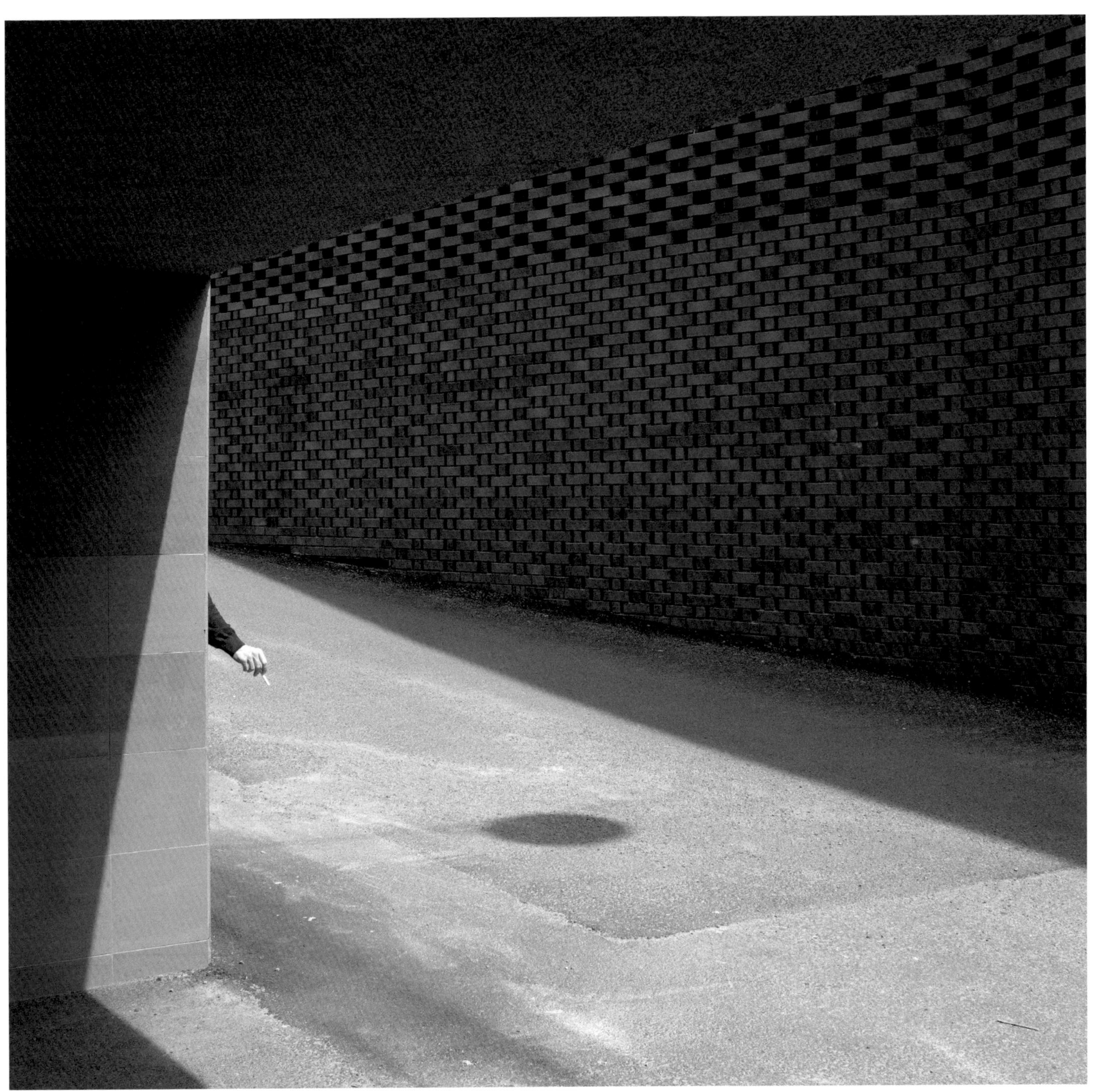

12:02:25

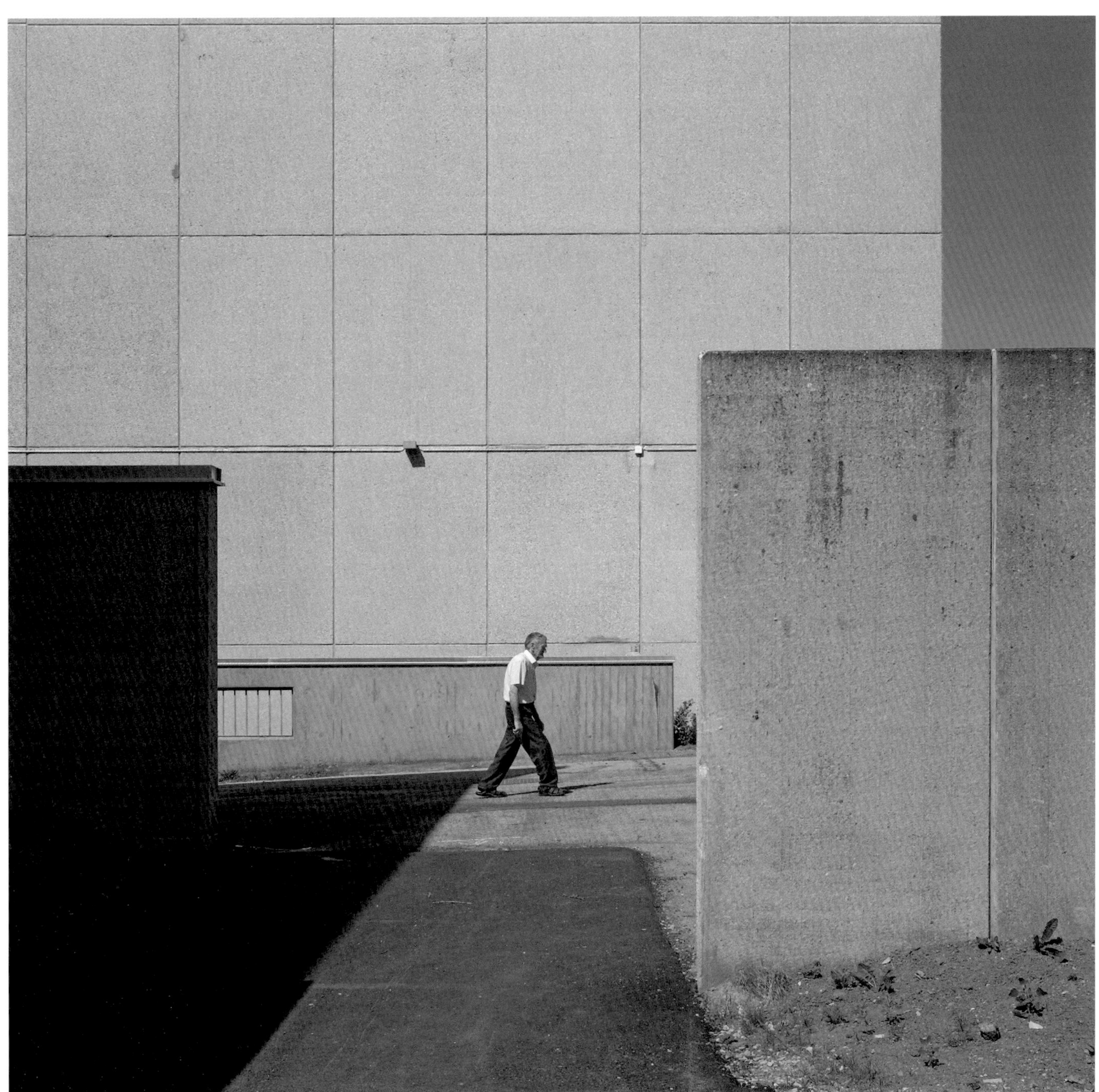

12:03:56

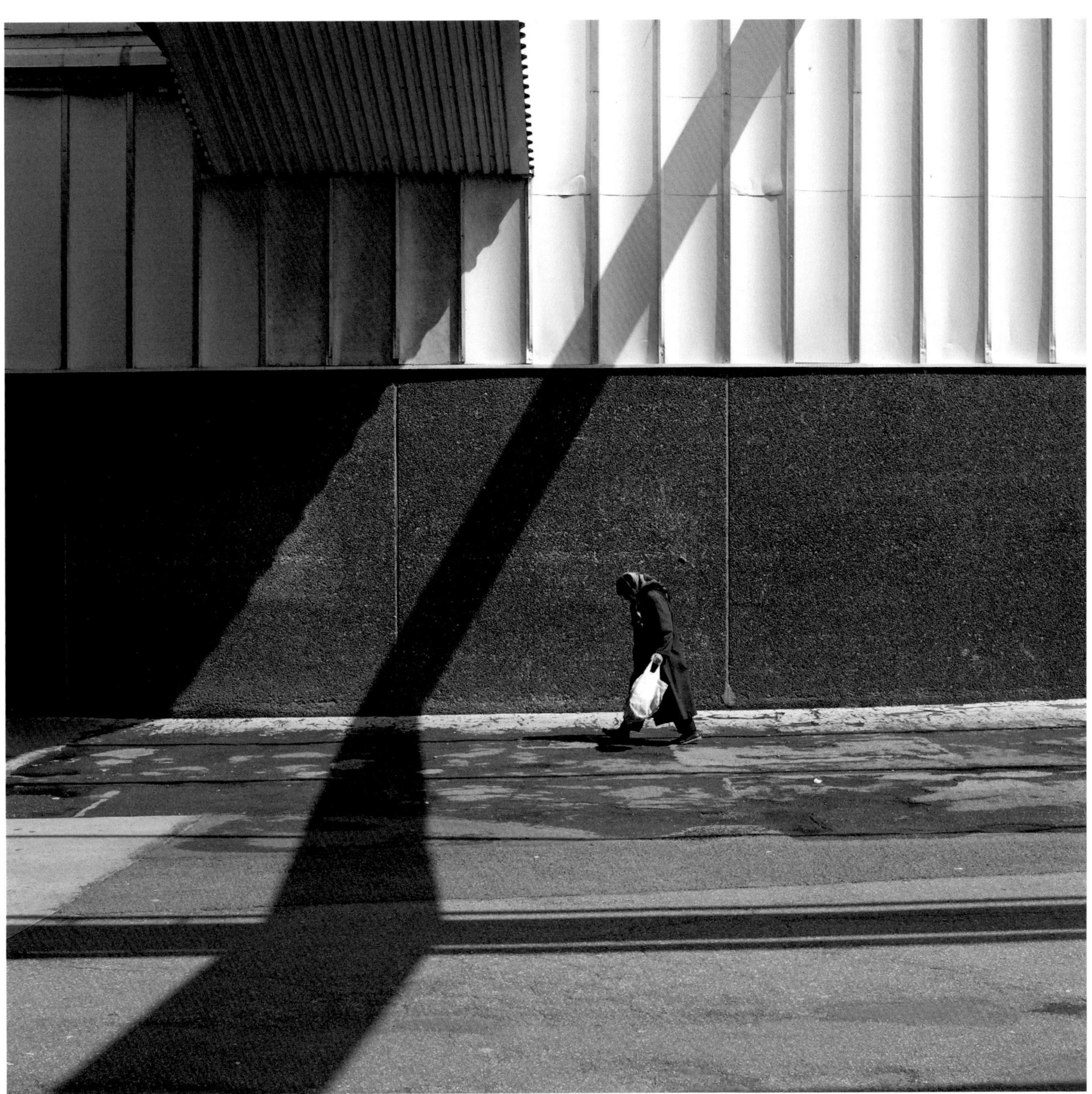

12:22:40

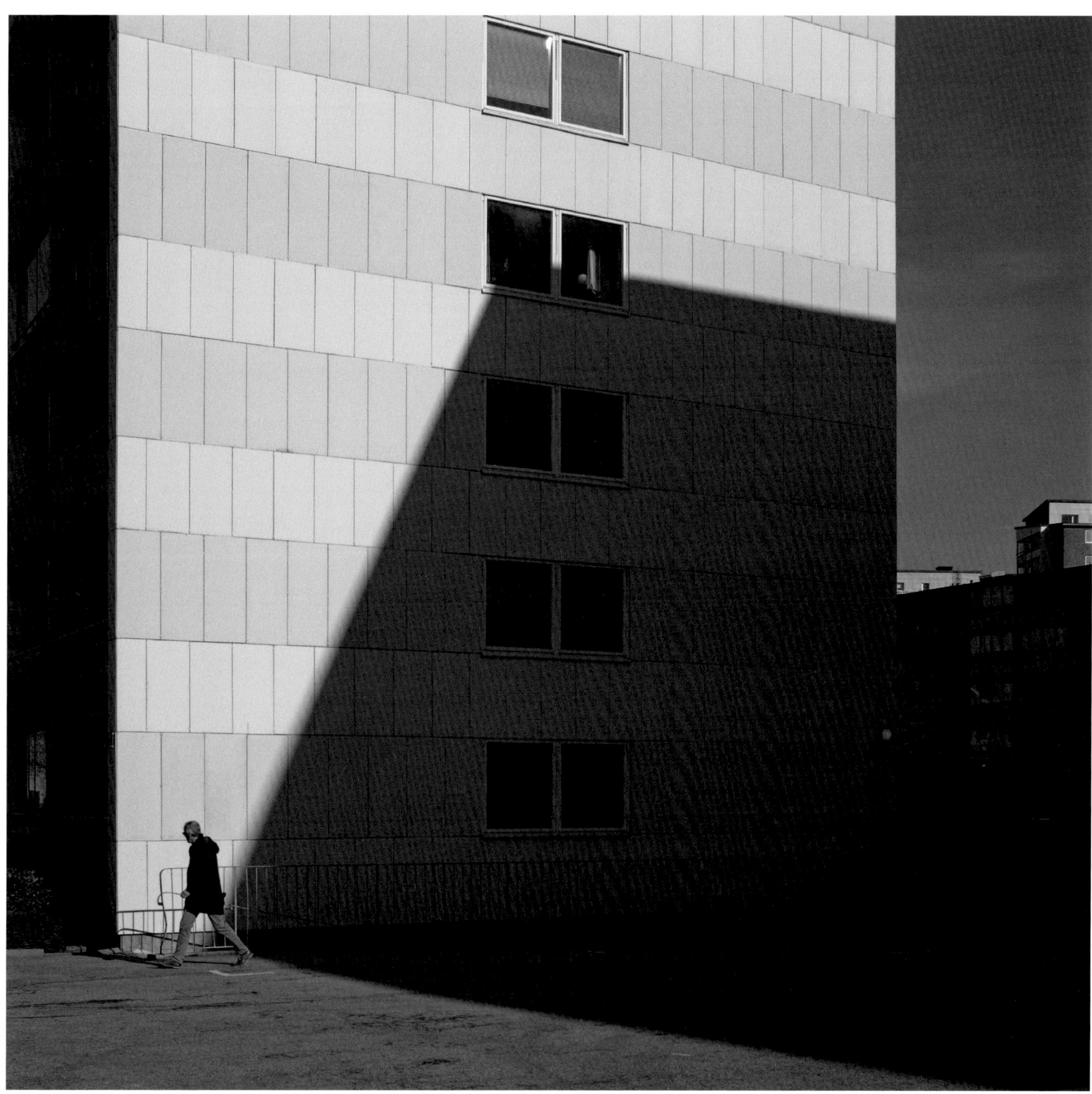

12:40:19

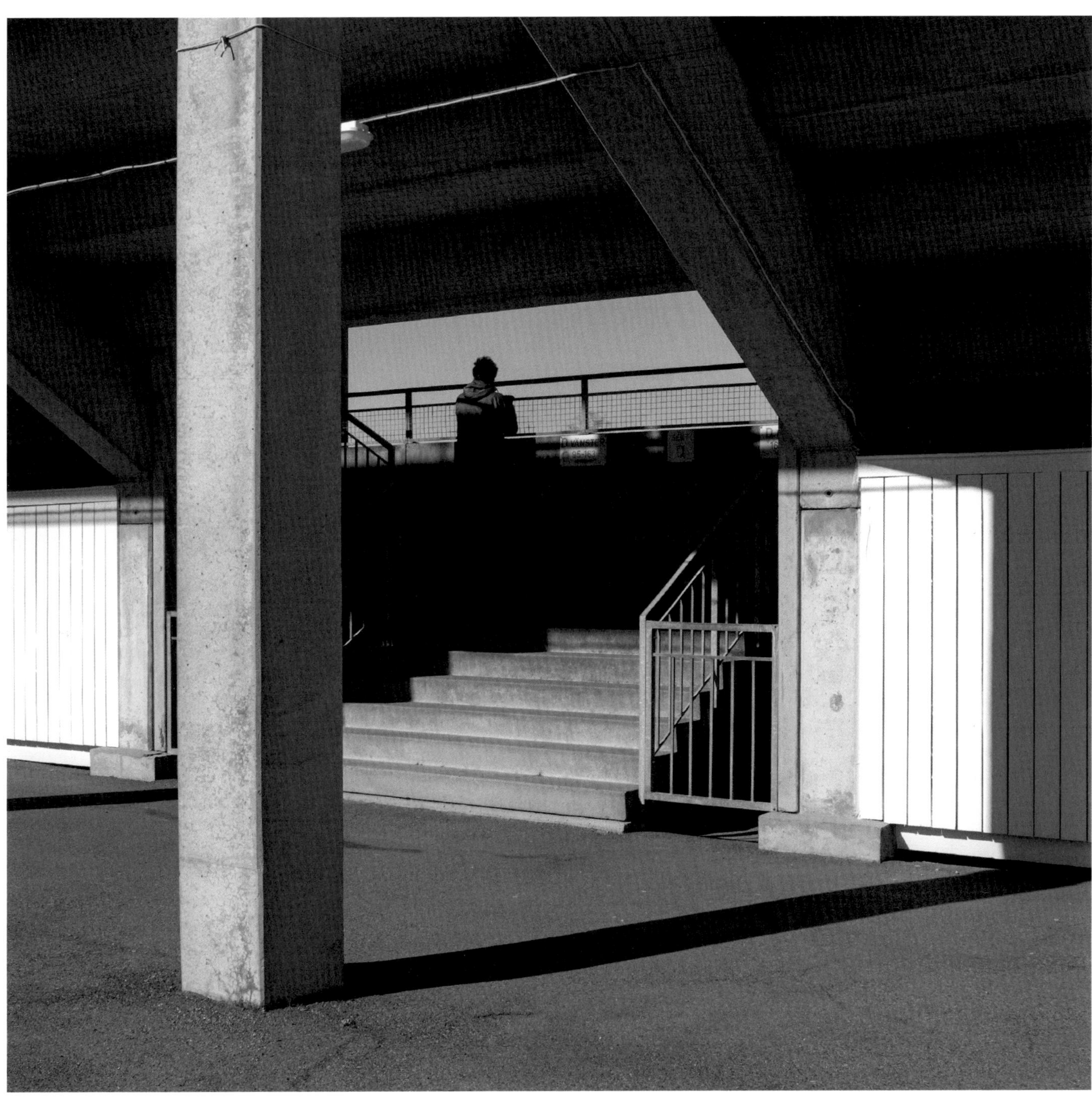

12:50:09

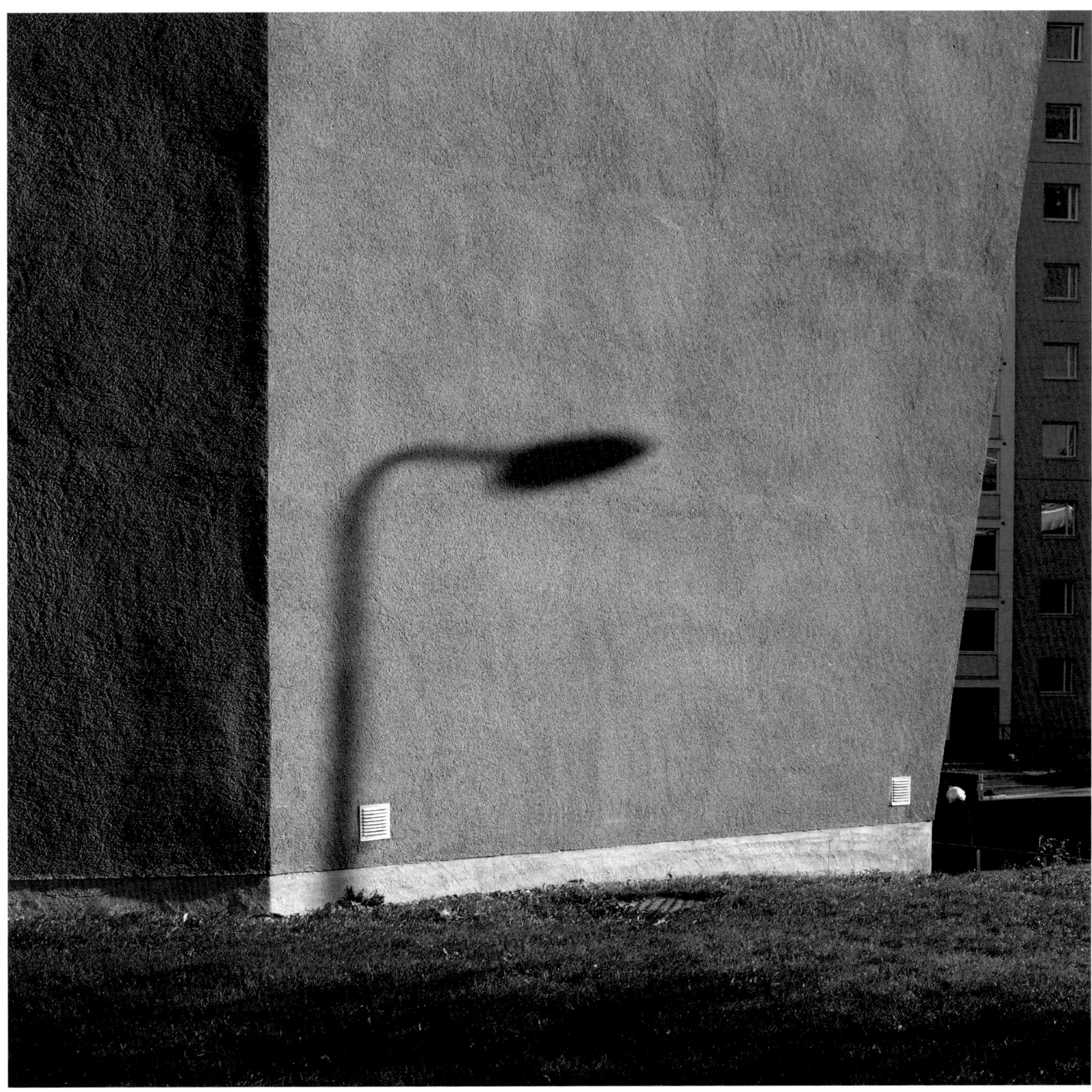

12:56:50

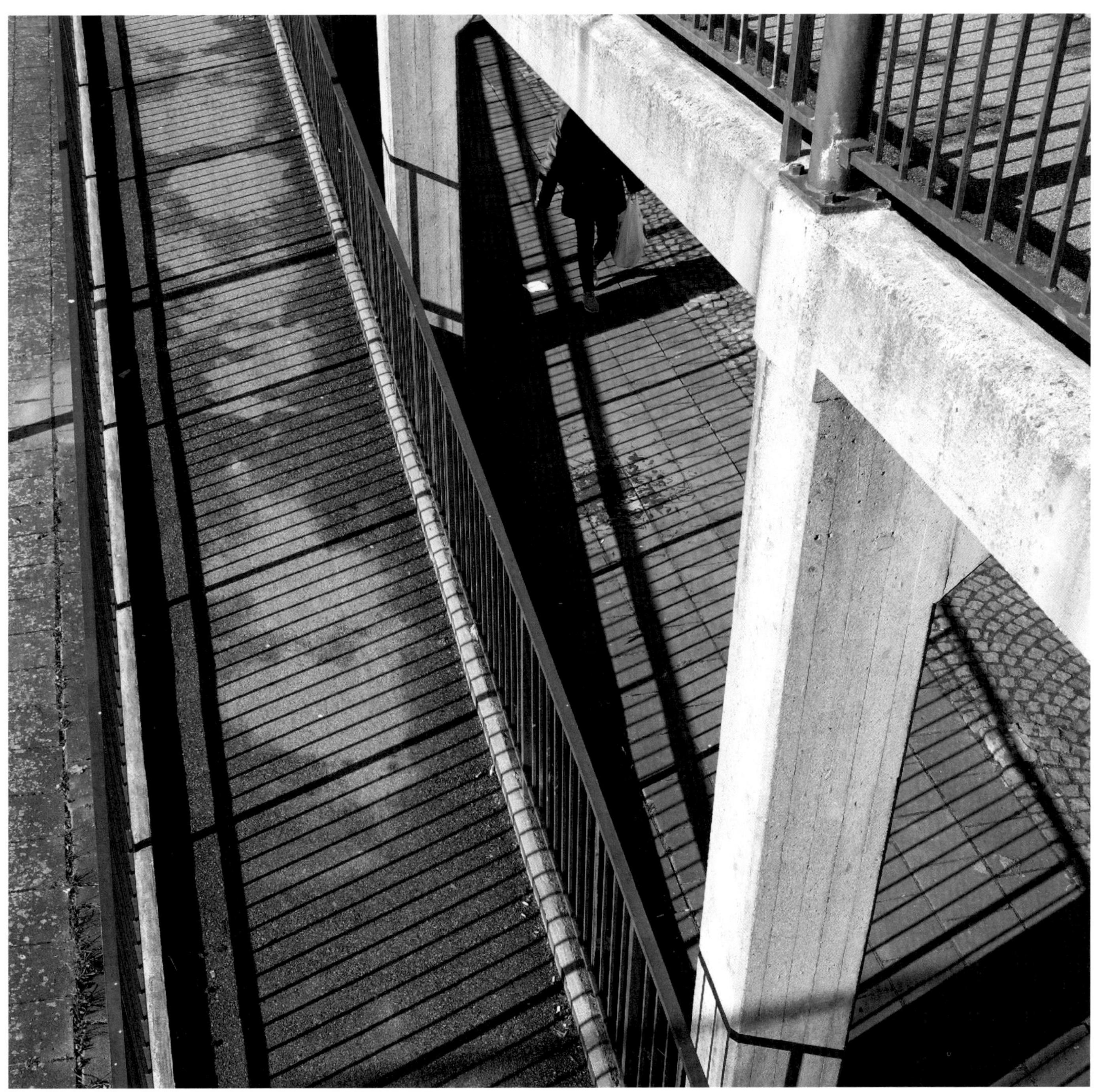

DIN STUND PÅ JORDEN

Det byggda, det förkroppsligade, ett tidens avtryck. Här samspelar de yttre rummen
med de inre, ljus och skugga tecknar dess dynamik; här flätas tid och kropp samman,
likt ett minnets arkiv.

Vår gemensamma K R O P P knådas, karvas – skulpteras fram. Varje lager bär
spår av de händer, kroppar och liv som, var och en för sig, och tillsammans, formar
vår sammanflätade plats. Vår tillhörighet över tid. Kroppens röst och dess sammansatta
språk; en grammatik av proportioner, skala och inbördes förhållanden. Relationer, till
dig, till mig. Vi lyssnar och hör, dess andetag, dess väsen. Vi förnimmer dess relation till
platsen; yttre och inre landskap där våra kroppar och liv formuleras, flätas samman till
ett här och nu.

I det Y T T R E R U M M E T S landskap, skapas en förtätad rörelse i komposition
med det byggda. Rörelsen och dess dynamik spänner ut rummet, både horisontellt och
vertikalt. Här kan gränser suddas ut och friheten leta sig in; i glipor, schakt och passager
skapas irrgångar för fantasi och verklighet. Genom det gränslösa yttre rummet möjliggörs
tanken och kroppens vindlande rörelse; en blick från dig, minnet, en kroppens tanke.

Det yttre rummets spegling av det I N R E R U M som omsluter oss, vår inre värld,
vår längtan, dess andning och puls. Självet. Den byggda kroppens fördjupningar är ett
koncentrerat rum som vänder sig inåt. Här lagras minnen och berättelser, händelser och
liv – tätt mot kroppen. Huden likt ett membran, som omsluter och separerar, öppnar upp
mot det yttre rummet, världen.

LJUSETS obönhörliga skärpa tydliggör, avslöjar var reva, spricka och sår. Genom ljusets växlingar, över tid och kropp, synliggörs våra utsträckta liv, det kända och det okända. Här blir människans relation till sin omvärld tydlig, var vrå i vårt inre möter dess yttre värld. En gemenskap formas, ett samspel i rummet, över tid.

Ljuset, SKUGGAN och dess växlingar definierar kroppens rumsligheter, får dem att pulsera, att röra sig över tid. I den dynamik som uppstår i sammanflätningen med ljuset, tecknas det taktila; här synliggörs spår, lager av liv. Massan, kroppen tecknar sig allt tydligare, rör sig. Kisar mot ljuset som smeker kroppen, den byggda, den mänskliga; dig och mig; oss.

Likt minnets stig tecknar sig vår tillhörighet över tid; våra spår blir till avtryck från de som inte längre finns med oss. Lager av livsöden, berättelser, tankar och minnen bär vår tid genom generationer, innan och efter oss. Likt en vandring i TIDEN och MINNETS arkiv möter vi oss själva i det som är ett nu.

I detta nu smälter kropp, landskap och tid samman, en tystnad infaller sig; allt stannar upp för några sekunder, blicken riktas genom oss, mot en fjärran tid, en plats där livets början en gång tog oss i sin famn.

PETRA GIPP
Arkitekt och ledamot av Kungliga
Akademien för de fria konsterna

YOUR MOMENT ON EARTH

The constructed, the embodied, an imprint of time. Here, the outer and inner spaces interplay, light and shadow draw the lines of their dynamics; here, time and body entwine, like an archive of memory.

Our collective B O D Y is kneaded, carved – sculpted into shape. Each layer carries traces of the hands, bodies, and lives, that each one separately, and in union, form our interlaced place. Our belonging over time. The voice of the body and its composed language; a grammar of proportions, scale and interrelations. Affinity, with you, with me. We listen and hear, its breath, its essence. We sense its relation to place; the external and internal landscapes where our bodies and lives are framed, interlaced into a here and now.

In the E X T E R N A L   S P A C E ' S landscape, a condensed movement is created in composition with the constructed body. The movement and its dynamics span the room, both horizontally and vertically. Here, boundaries can be blurred and freedom find its way in; in crevices, shafts, and passages, mazes of imagination and reality are formed. Through the boundless external space, the winding movement of thought and body is enabled; a look from you, the memory, the body's thought.

The external space mirrors the I N N E R   S P A C E as it enfolds us, our inner world, our yearning, its breath and pulse. The self. The depths of the constructed body form a concentrated room turning inwards on itself. Memories and stories, experiences and lives are layered here – up close to the body. The skin like a membrane, as it enfolds and separates, opens up towards the external space, the world.

The relentless sharpness of the   L I G H T   clarifies, exposes every tear, crack, and wound. Through the shifting light, over time and body, our extended lives are made visible, the known and the unknown. Here, the relationship between human and world becomes clear, every corner of our inner world faces its external counterpart. A kinship is formed, an interplay in space, over time.

The light, the   S H A D O W ,   and their shifts define the spacialities of the body, make them pulsate, move over time. As the shadow interlaces with the light, the dynamics between them create a tactile shape; here, traces, layers of life are exposed. The lines of mass, the body, are drawn more clearly, moving. Peering against the light that caresses the body, the constructed body, the human body; you and me; us.

Like a trail of memory, our belonging is drawn over time; our traces become imprints of those who are no longer with us. Layers of destinies, stories, thoughts and memories carry our time through generations, before and after us. As if wandering in the archive of T I M E   and   M E M O R Y ,   we meet ourselves in that which is a now.

In this now, body, landscape and time coalesce, a silence ensues; everything holds for a few seconds, eyes are directed through us, towards a distant time, a place where life's beginning once embraced us.

P E T R A   G I P P
Architect and member of the Royal
Swedish Academy of Fine Arts

13:12:05

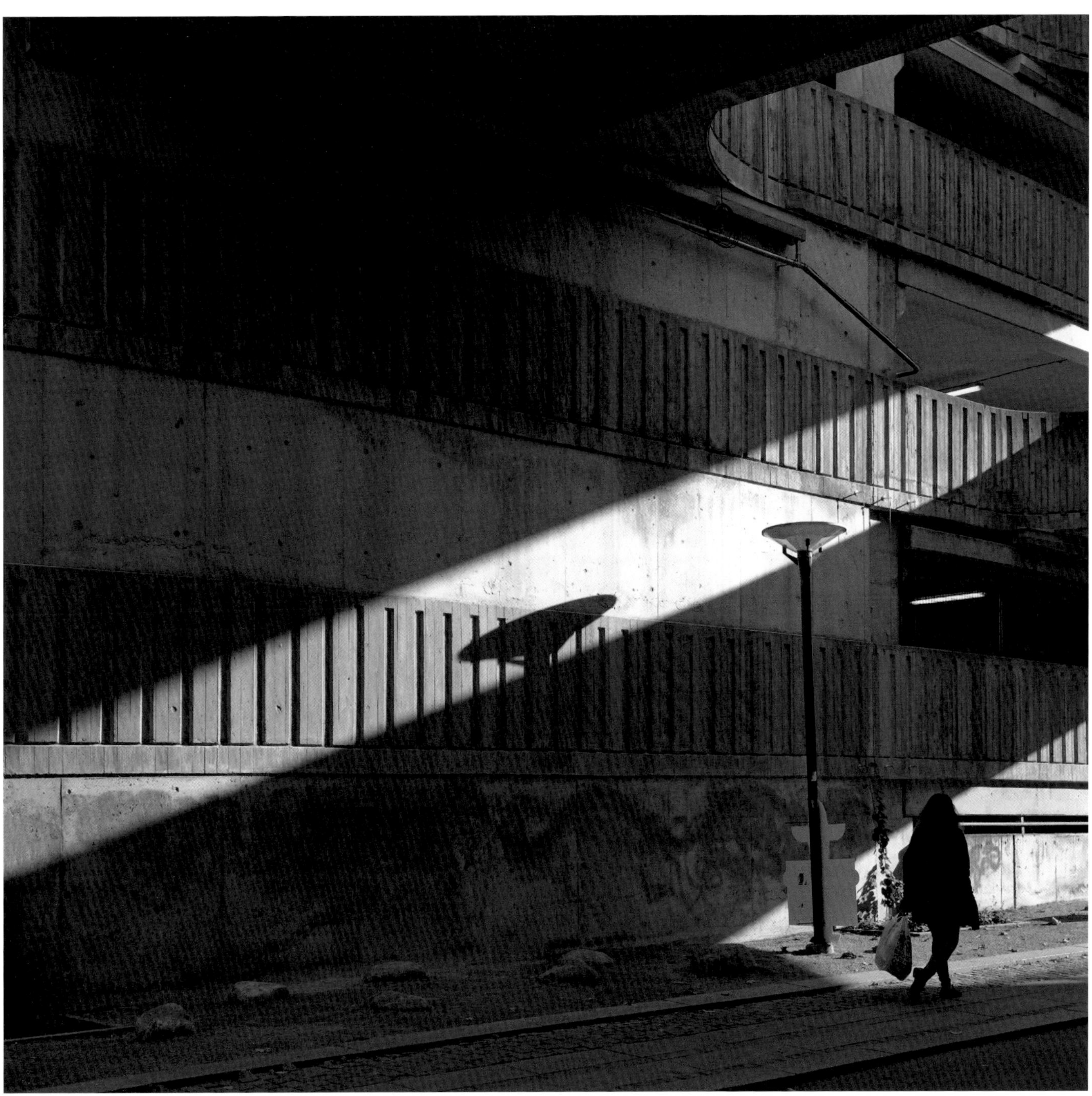

13:22:15

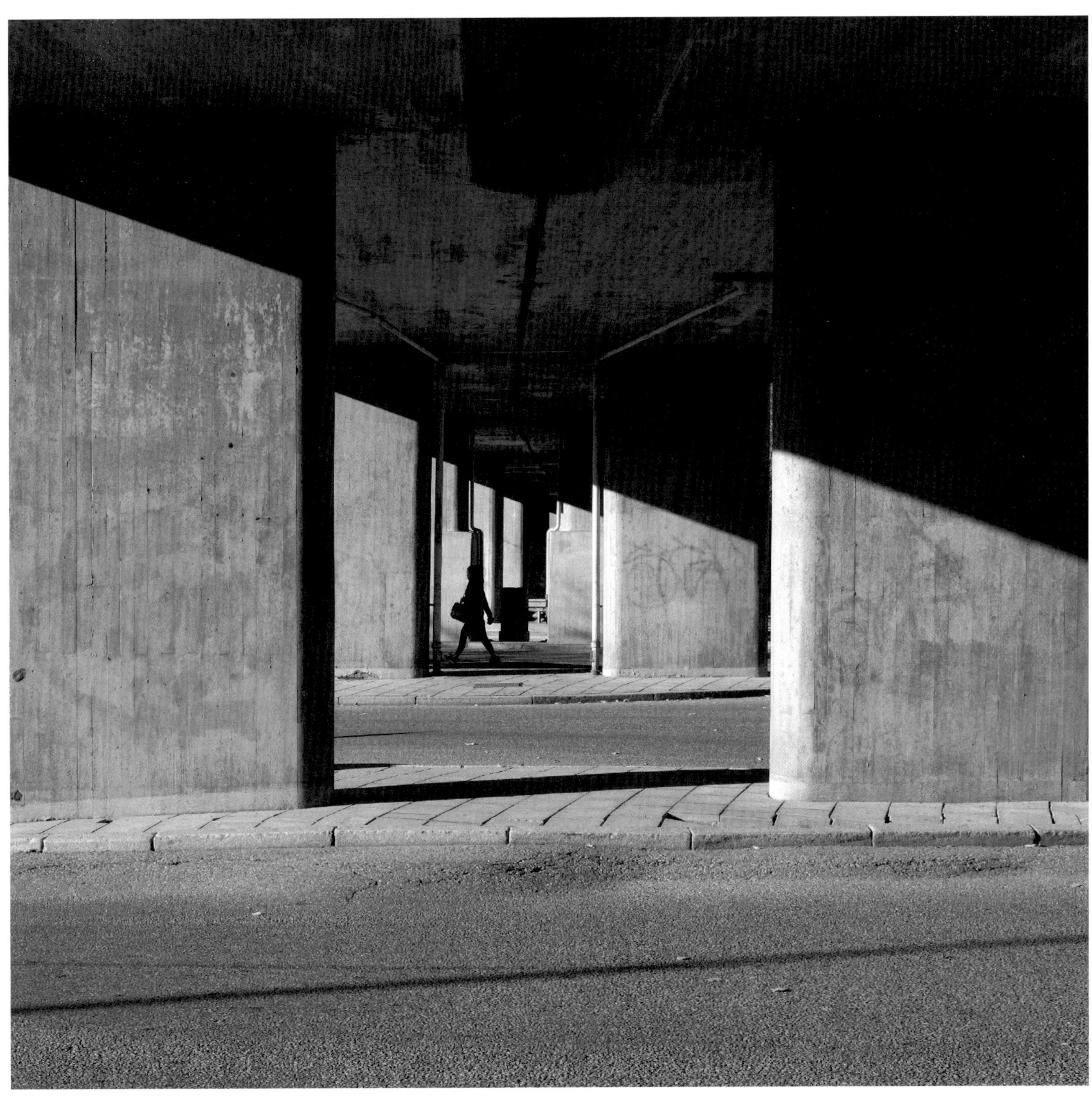

13:28:58

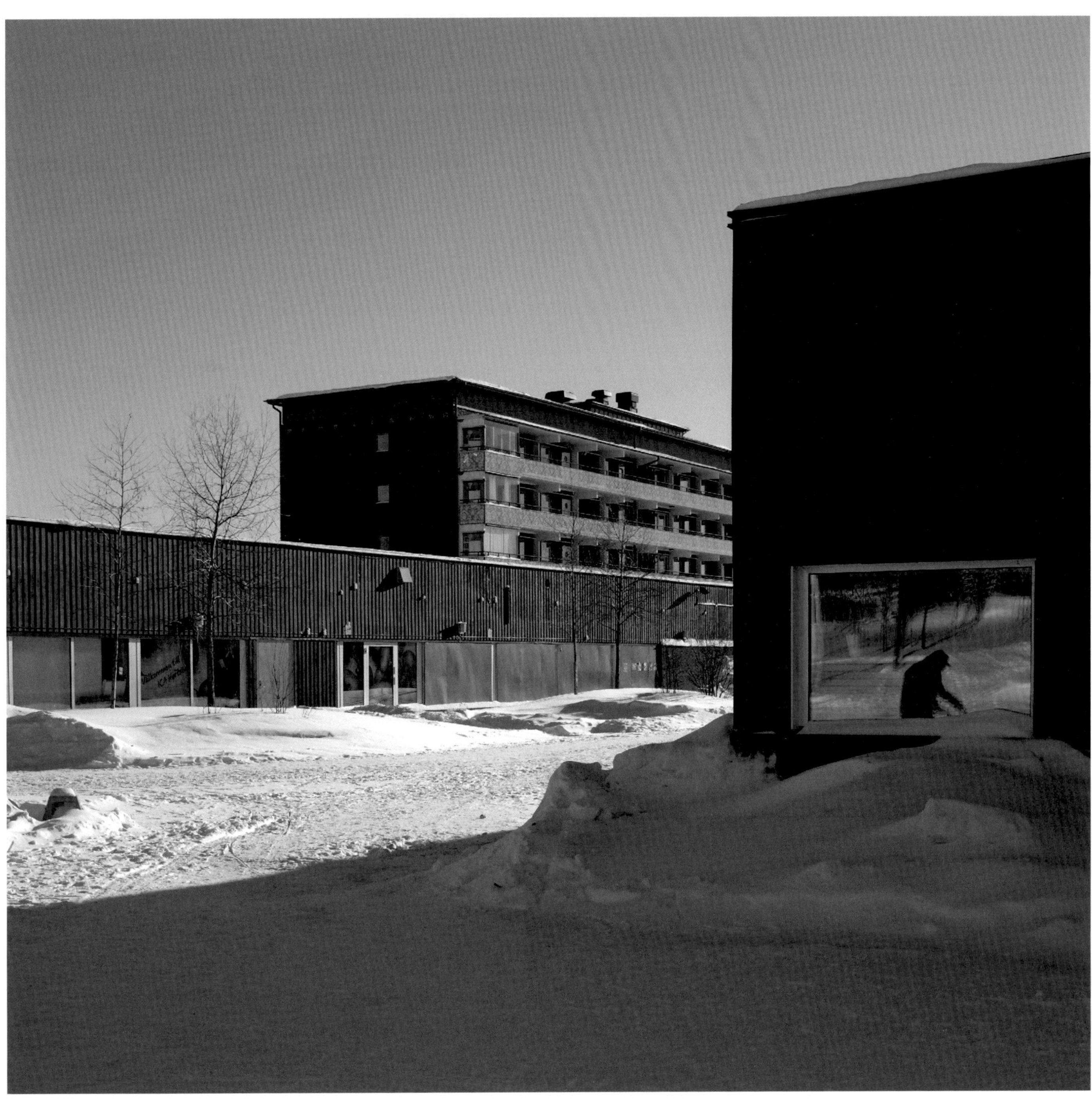

13:31:00

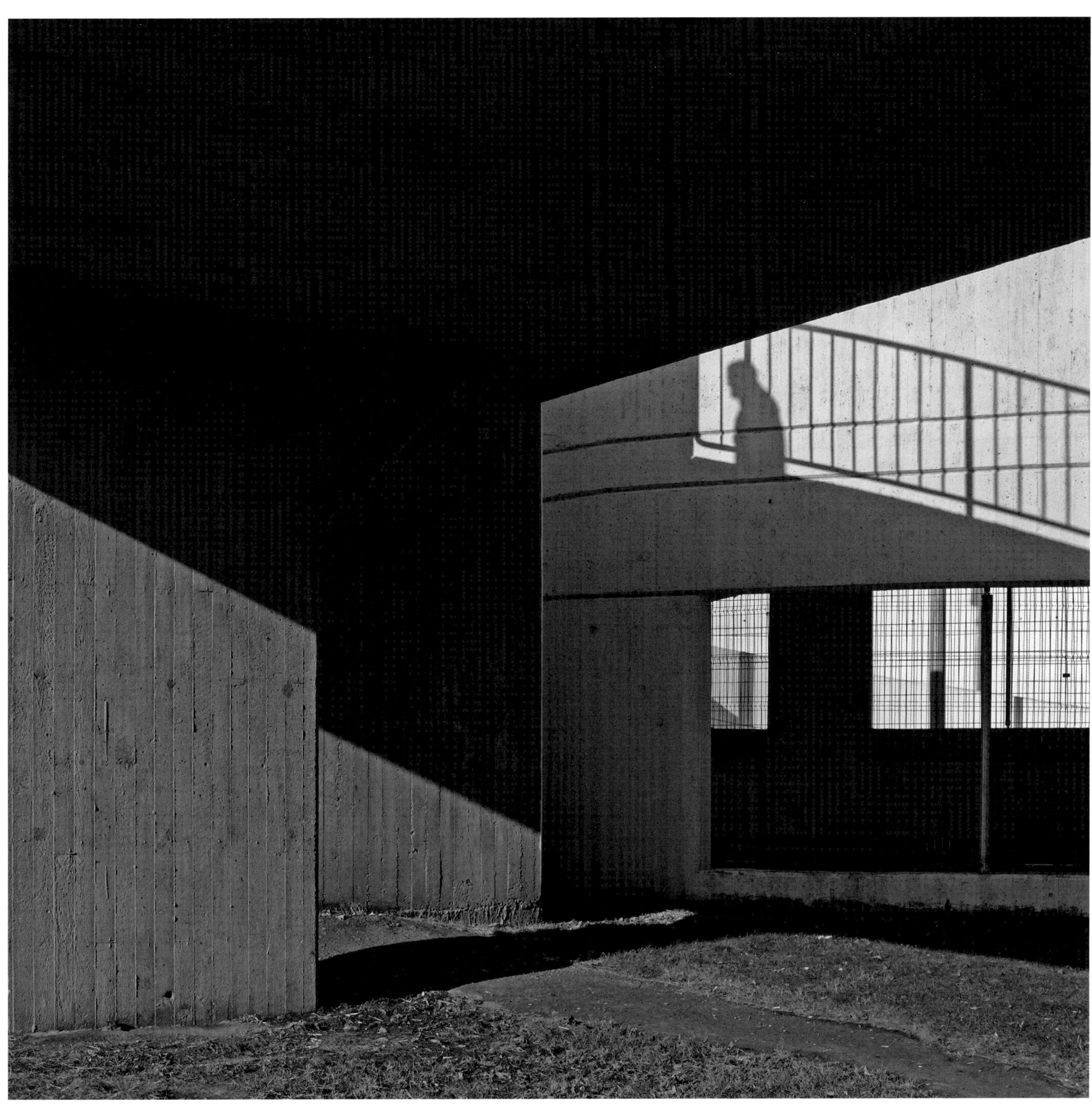

13:53:56

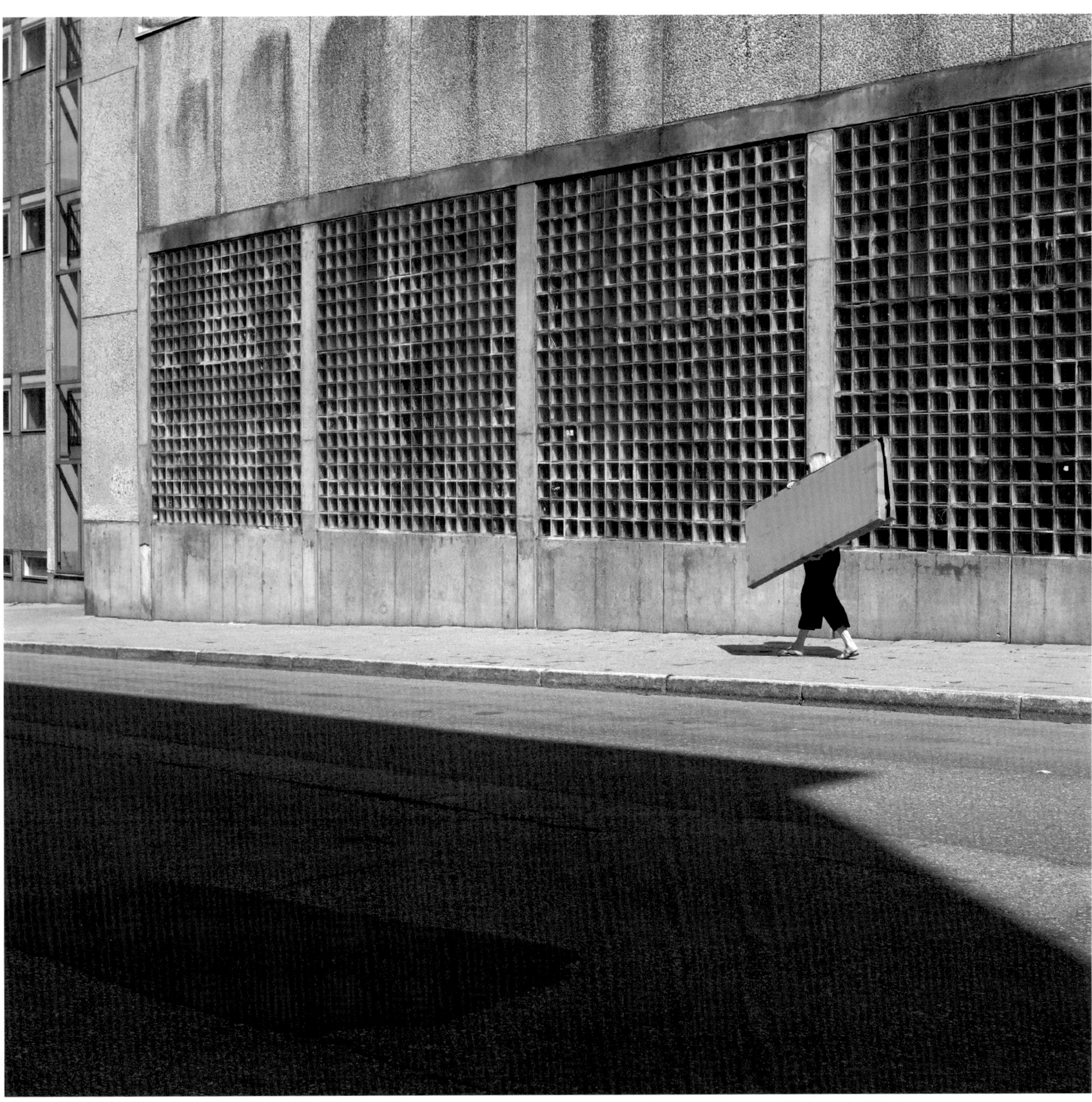

13:57:51

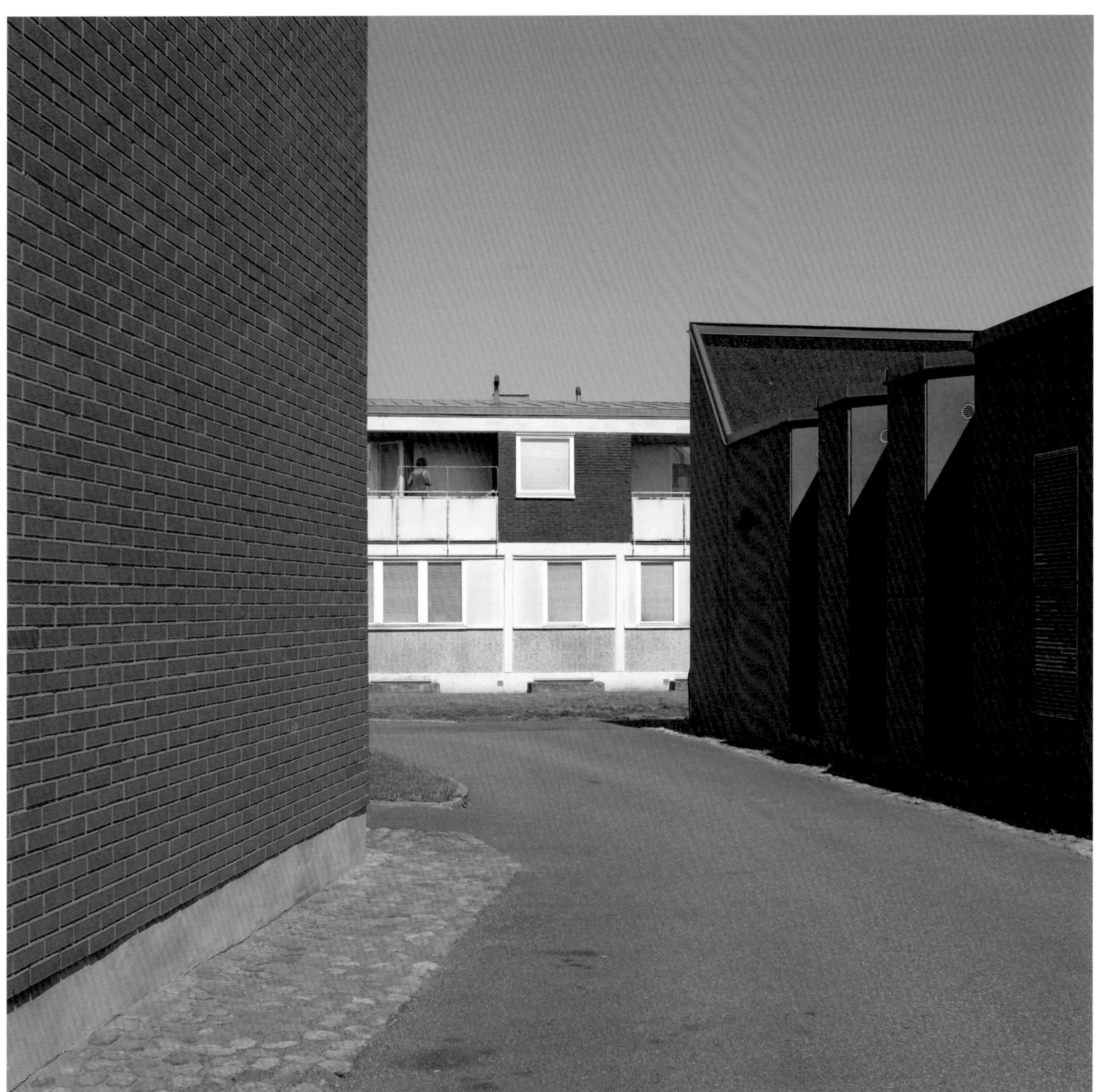

13:58:30

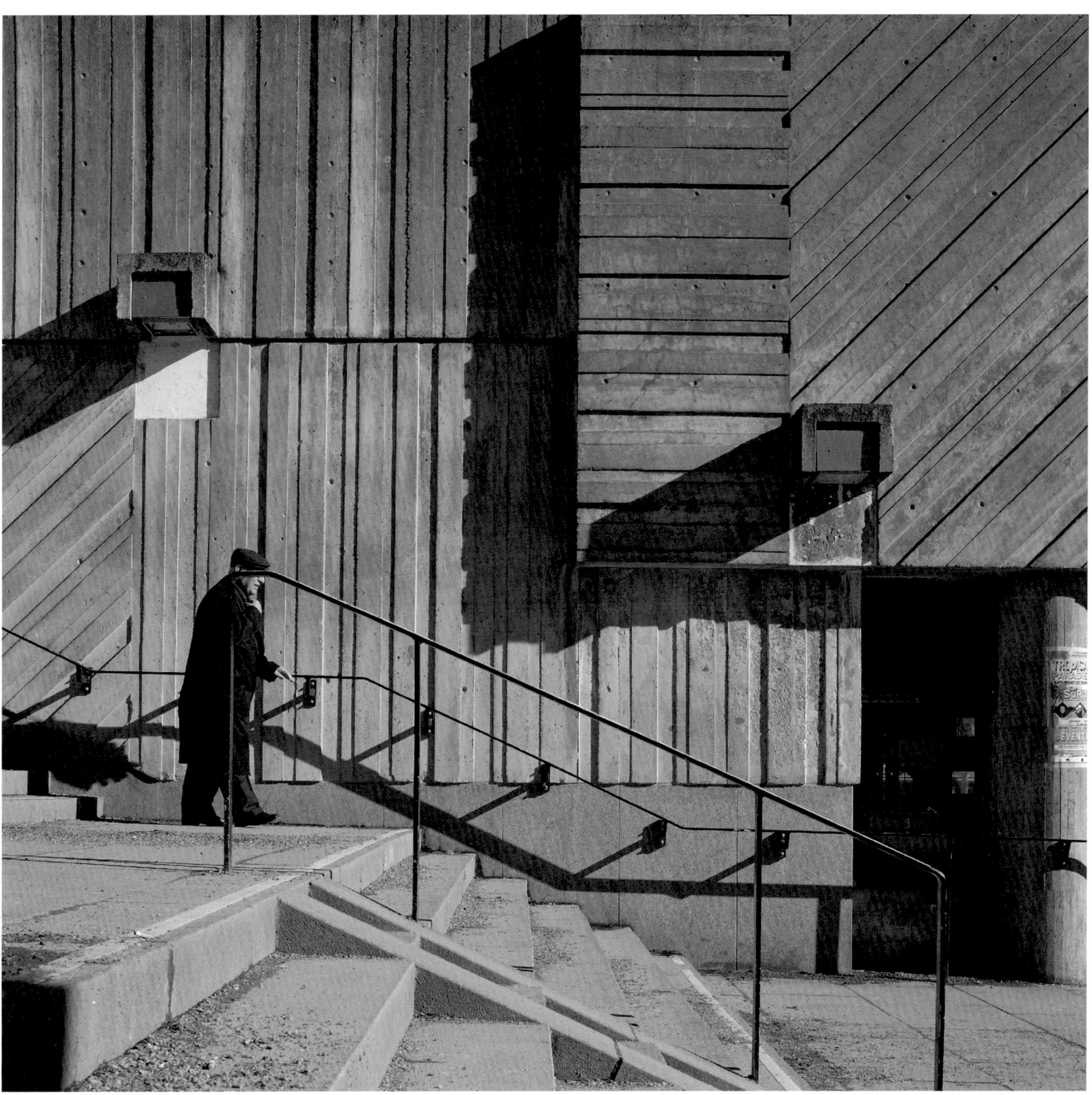

14:05:05

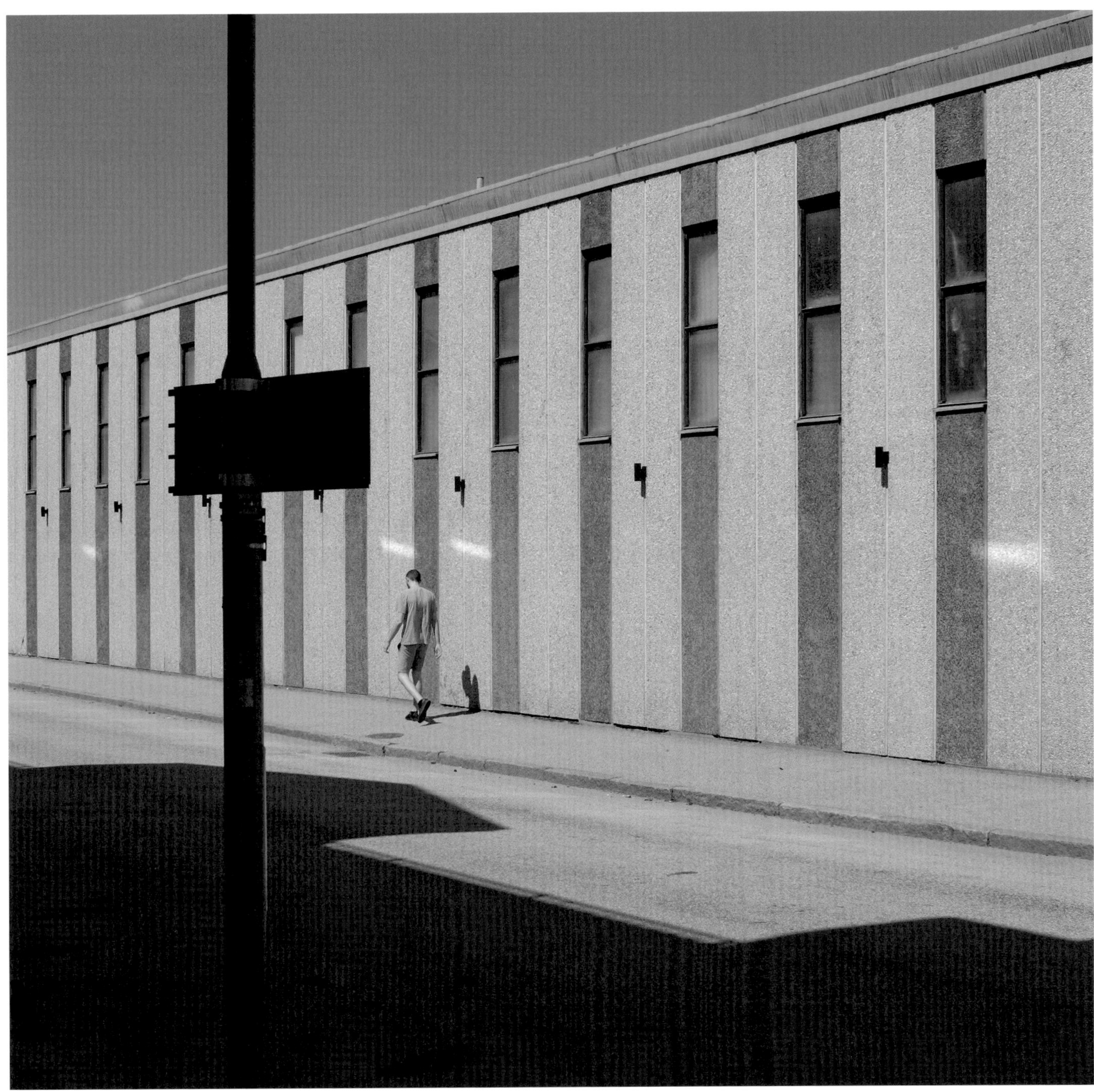

14:07:16

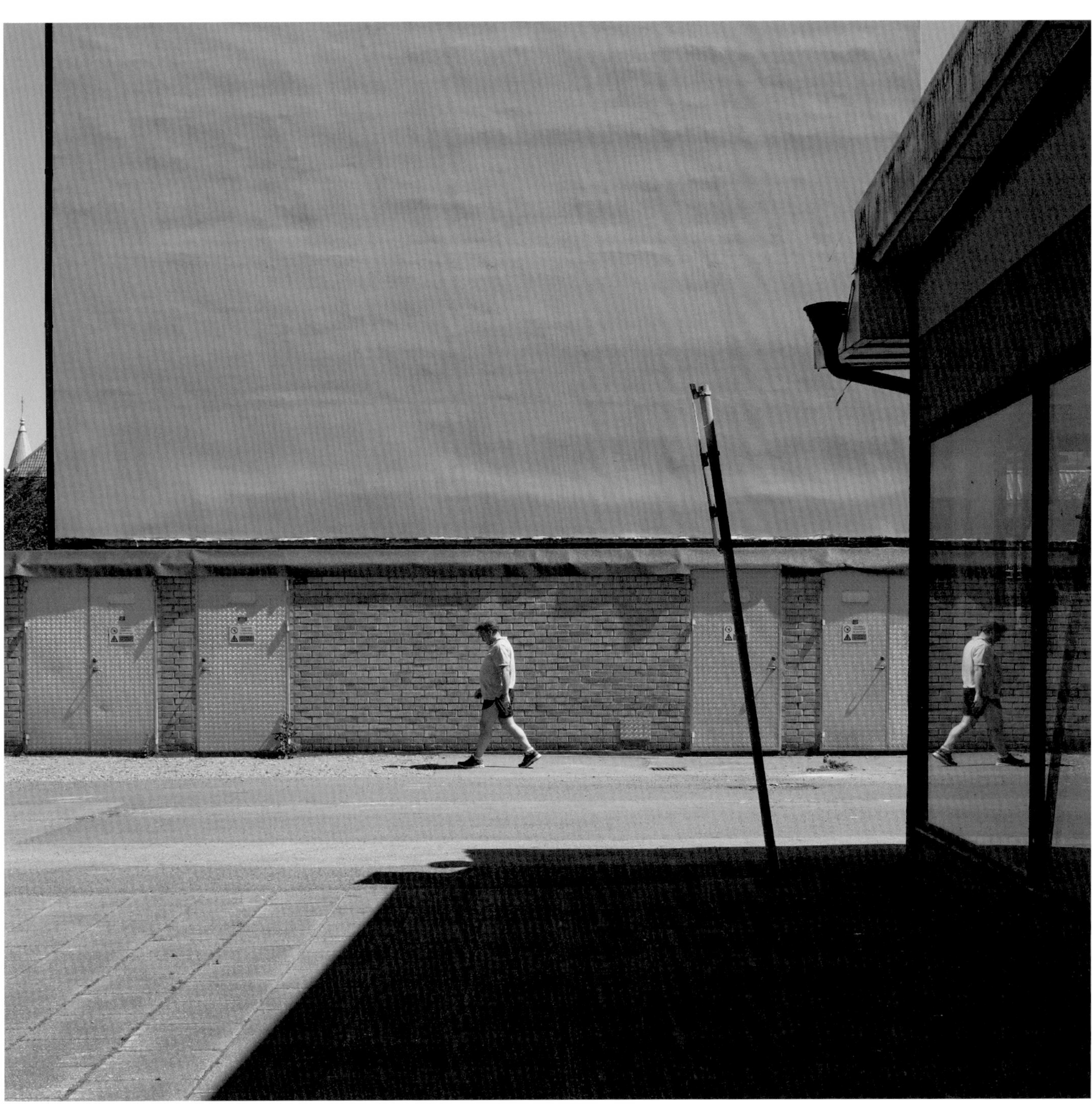

14:08:54

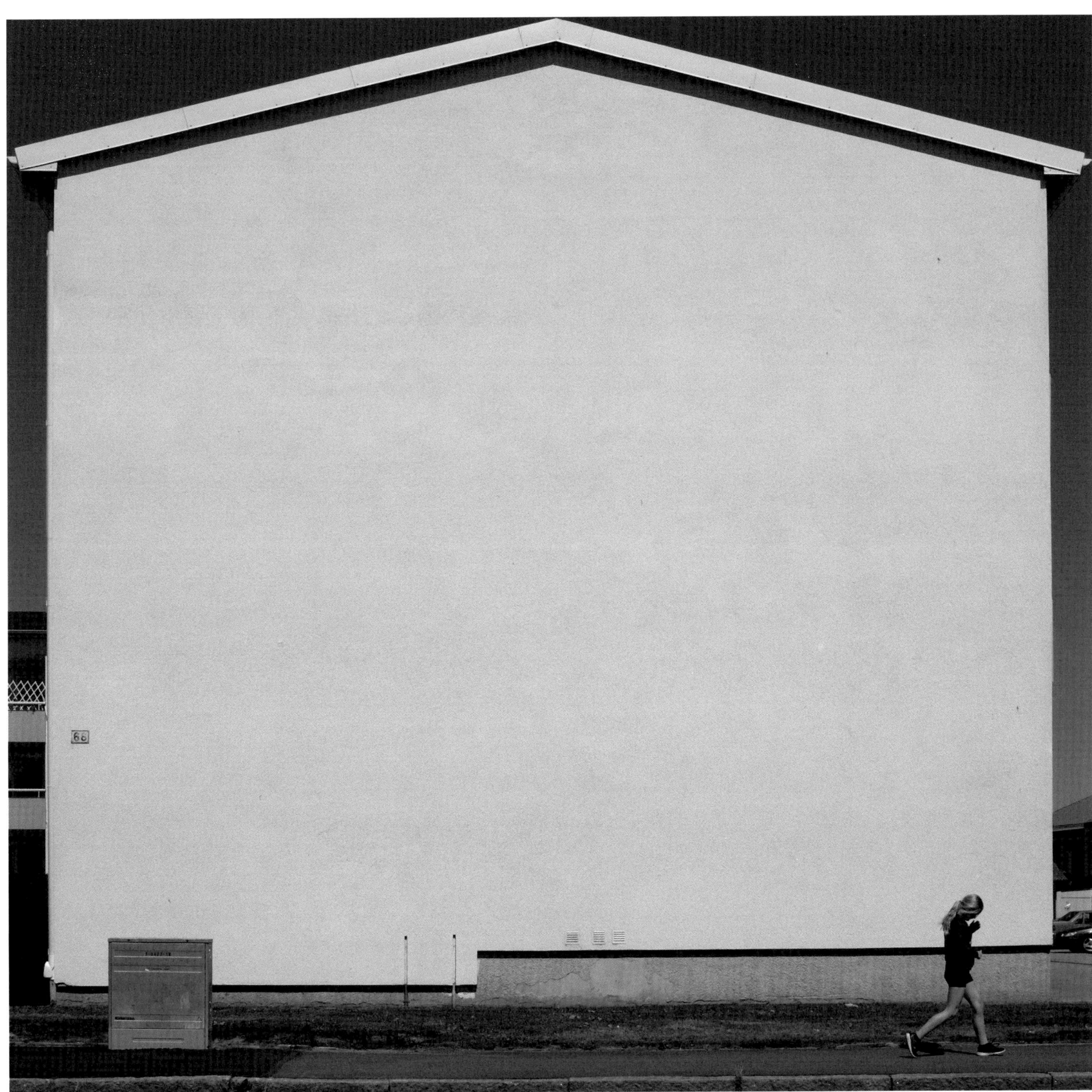

14:08:58

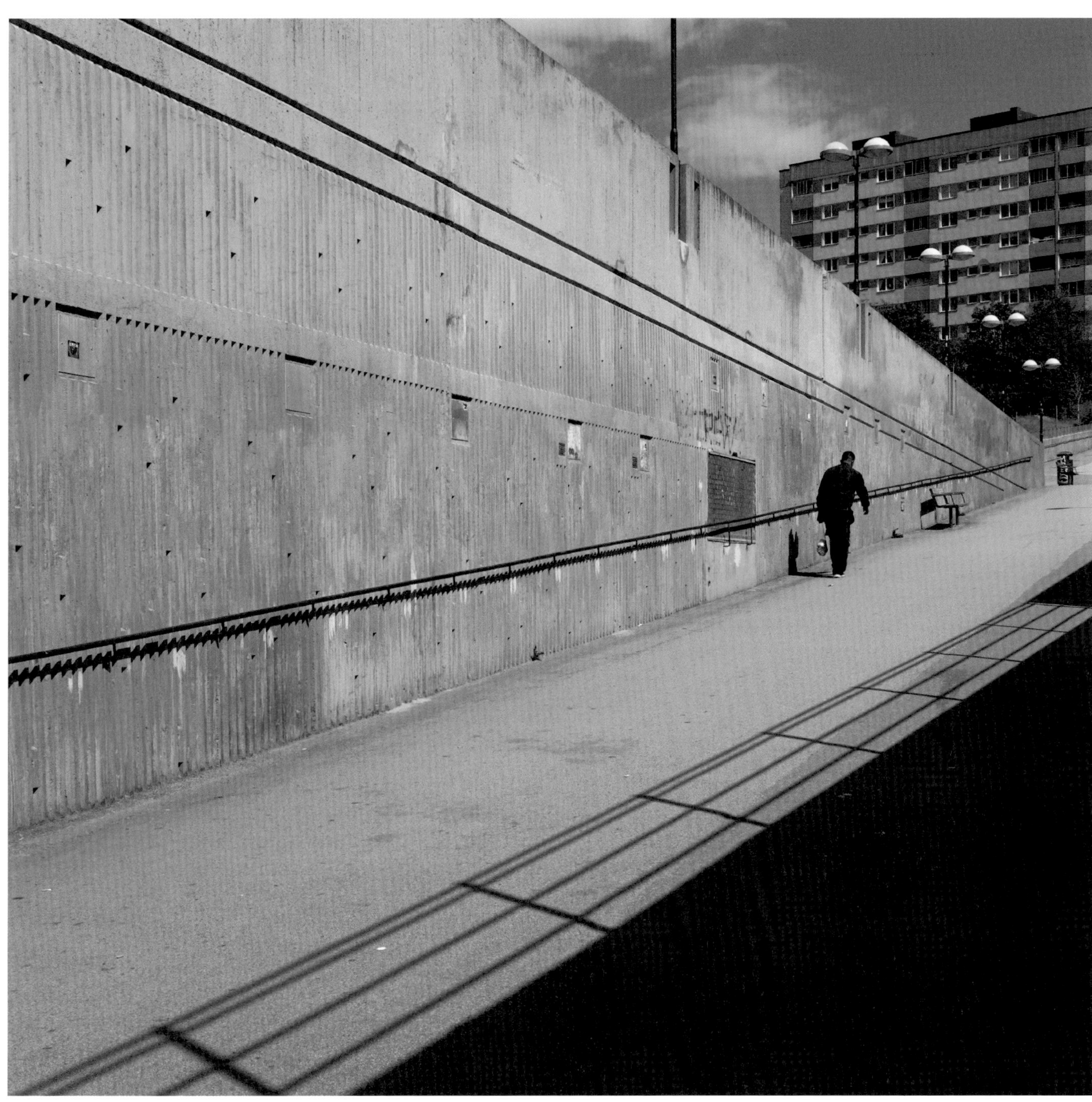

14:17:46

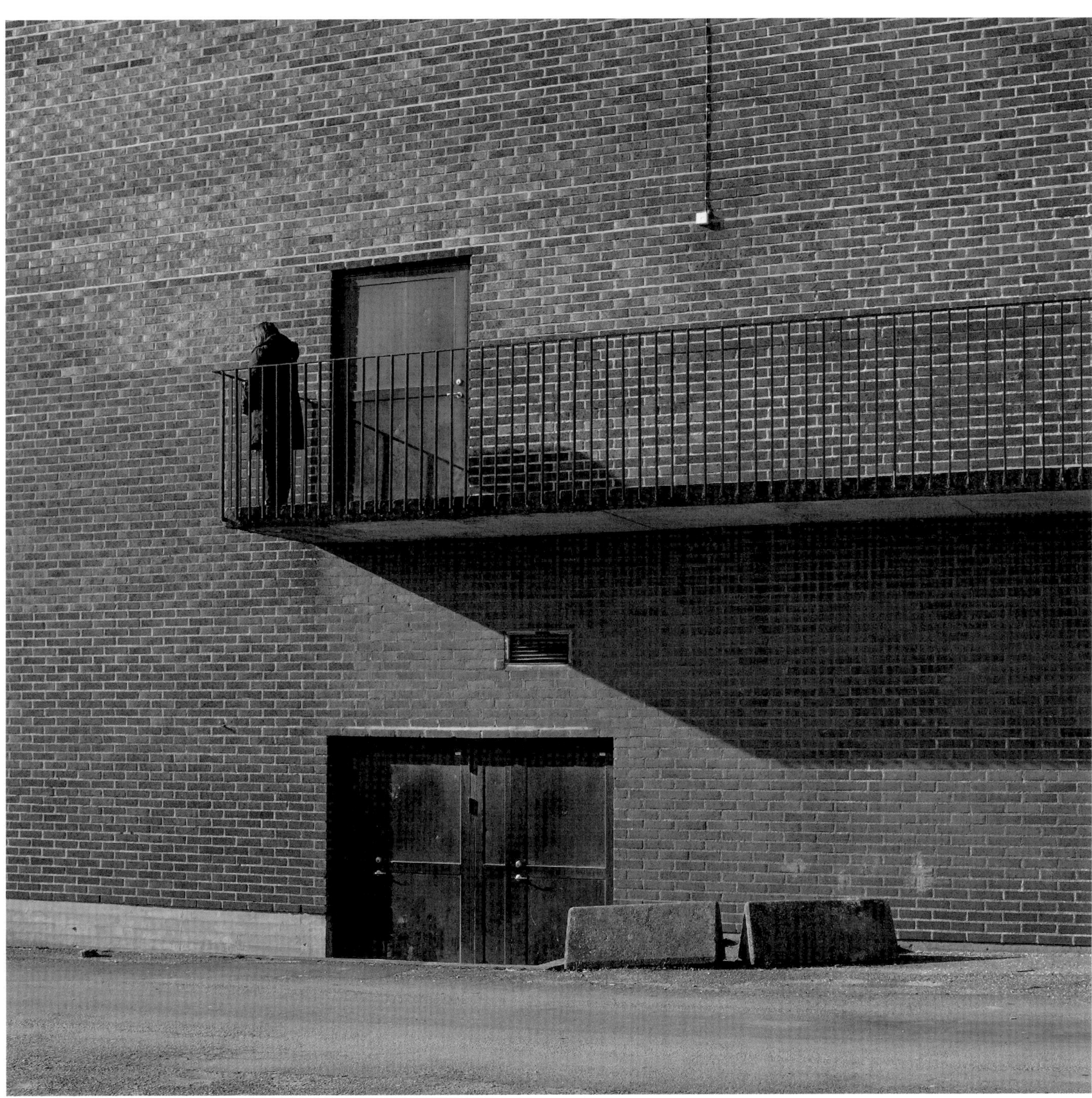

14:20:35

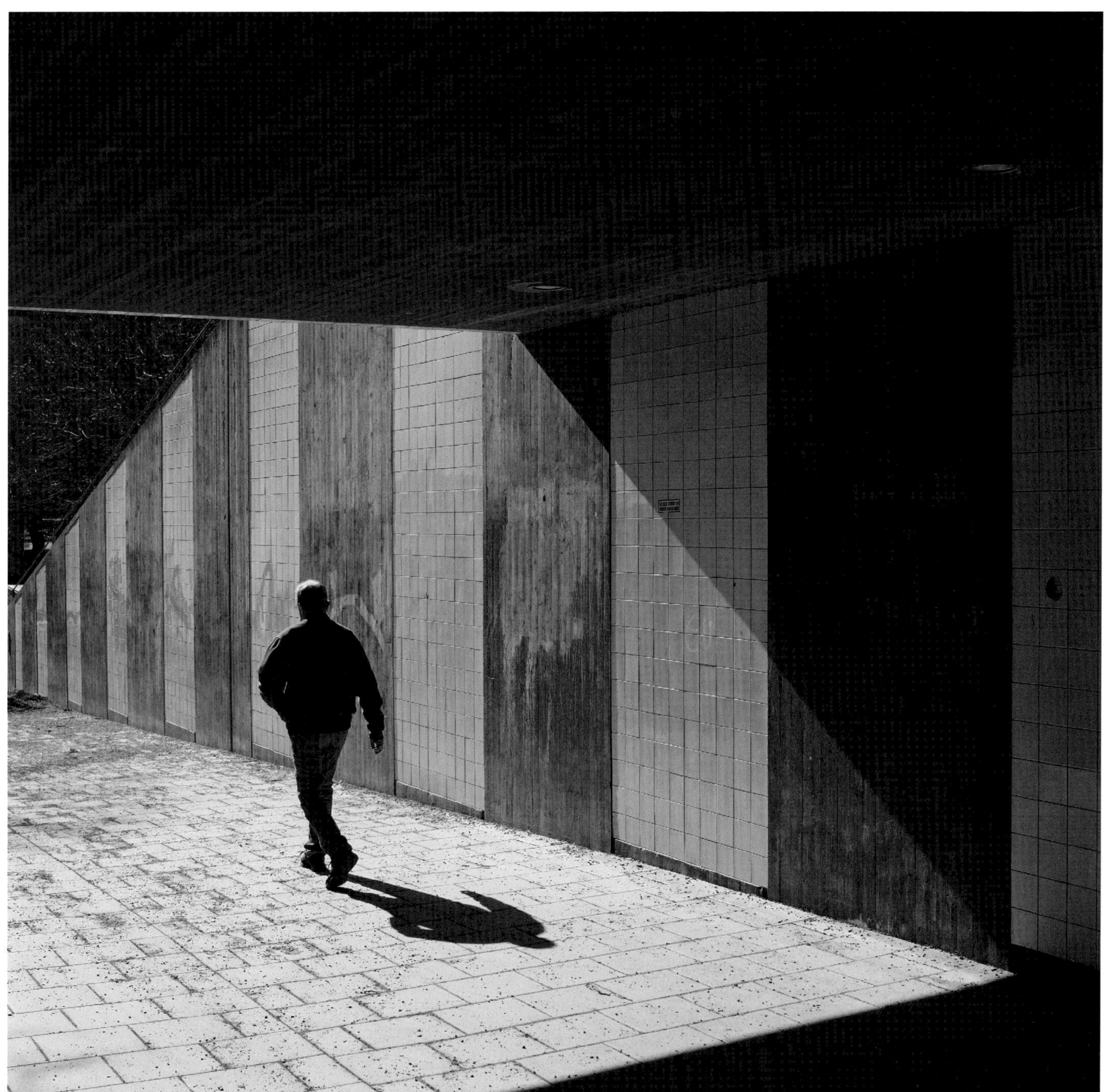

14:20:47

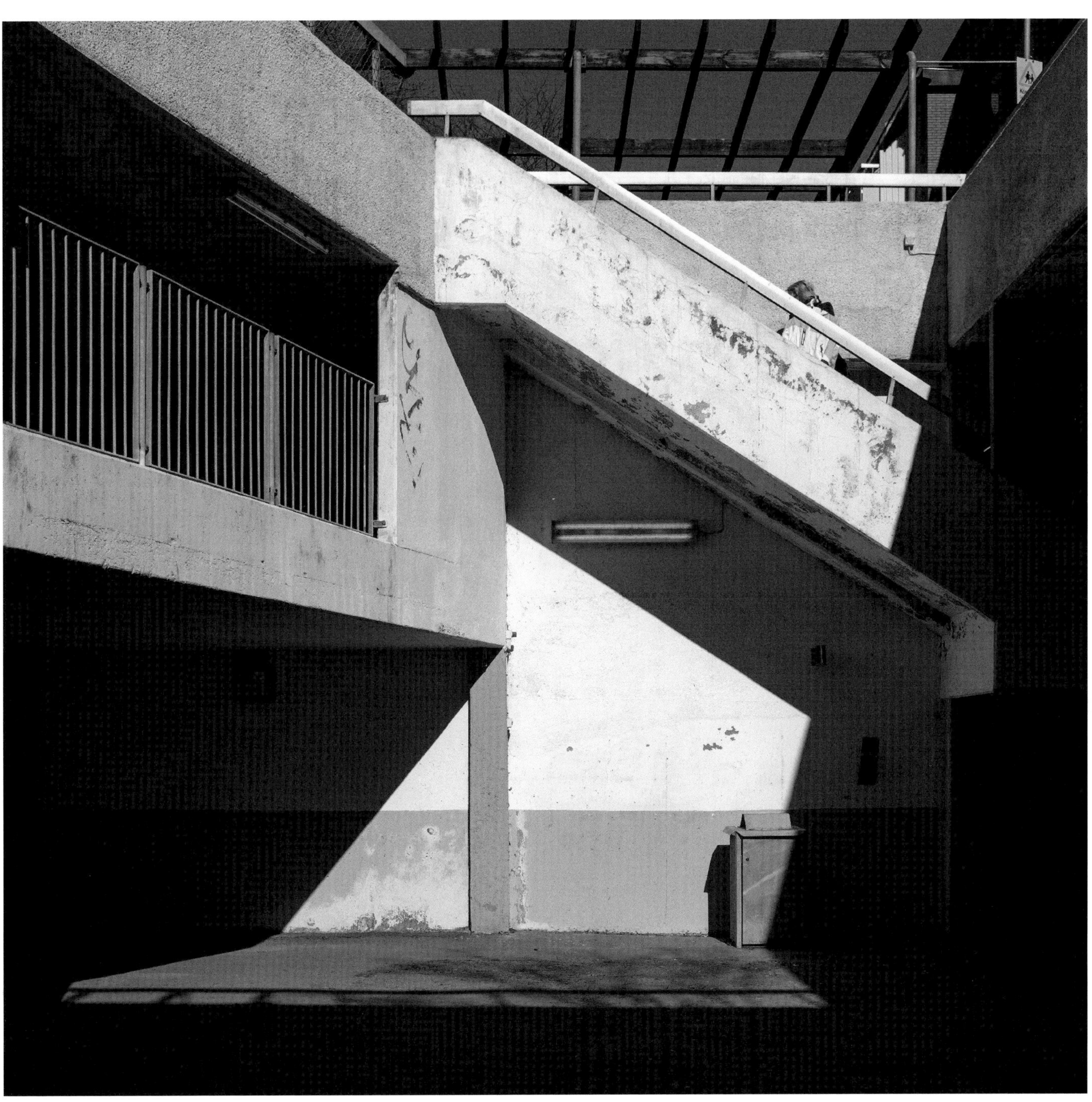

14:24:45

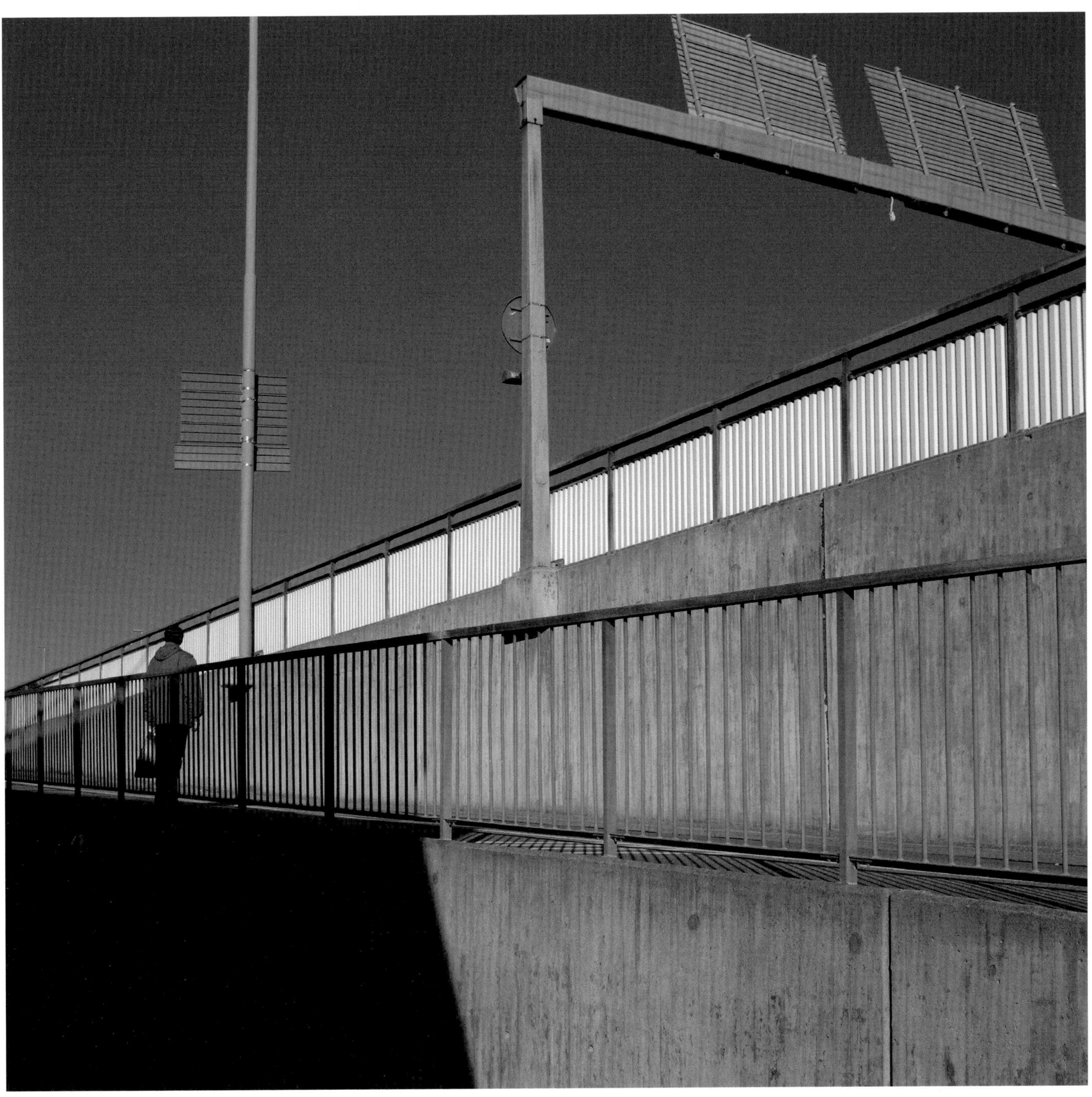

14:30:04

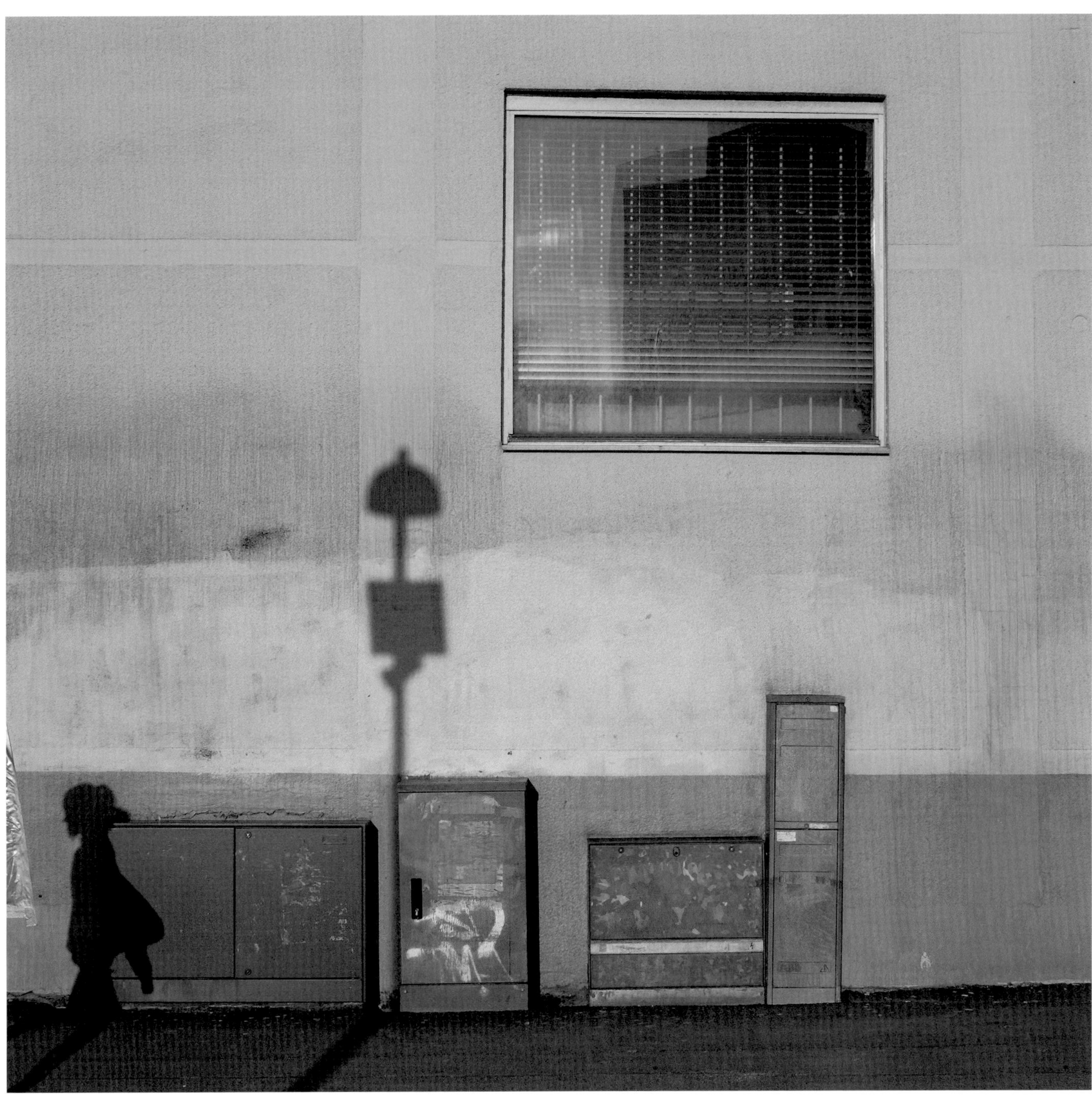

14:35:08

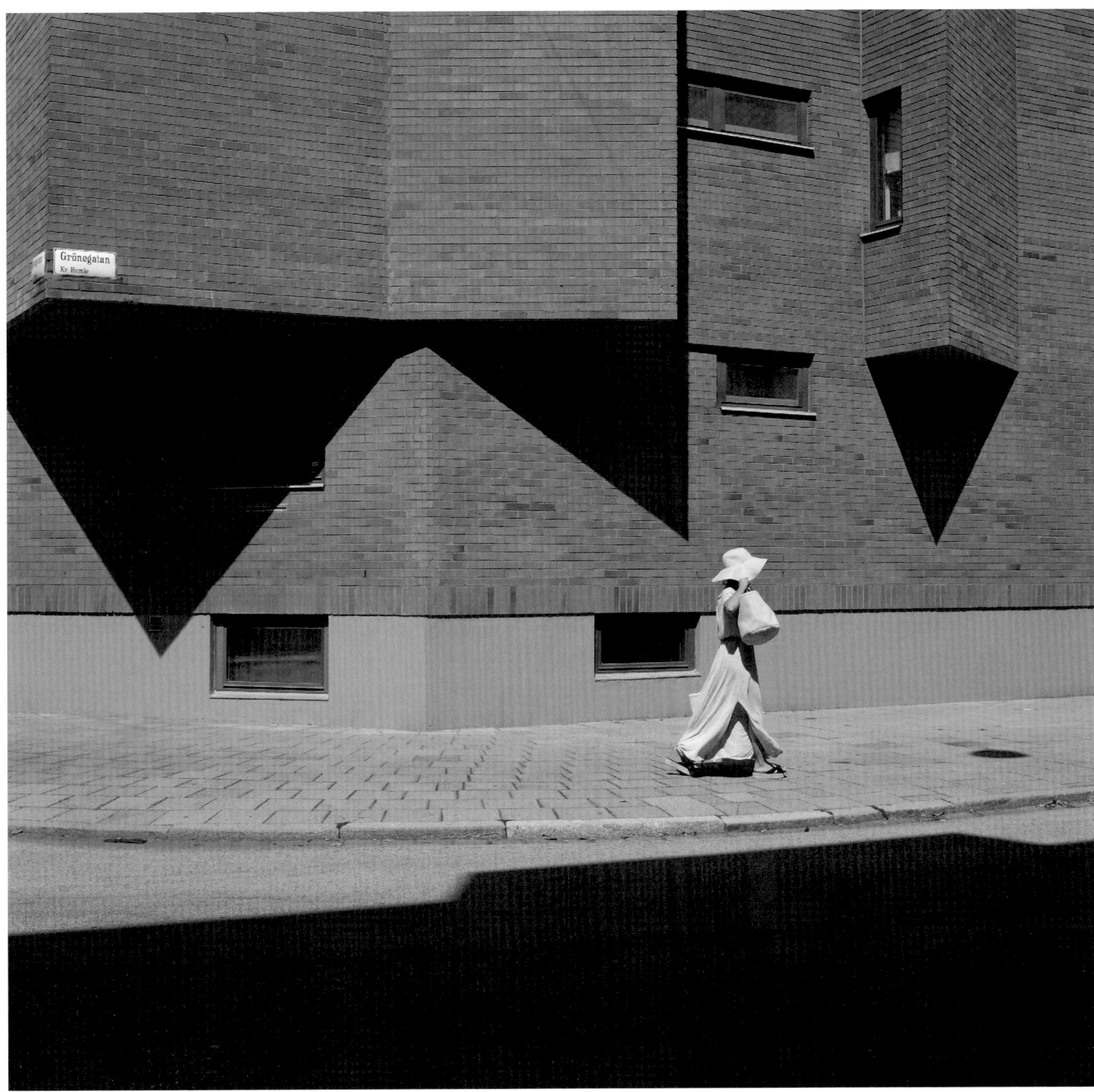
Grönegatan
Kv. Humle

14:36:07

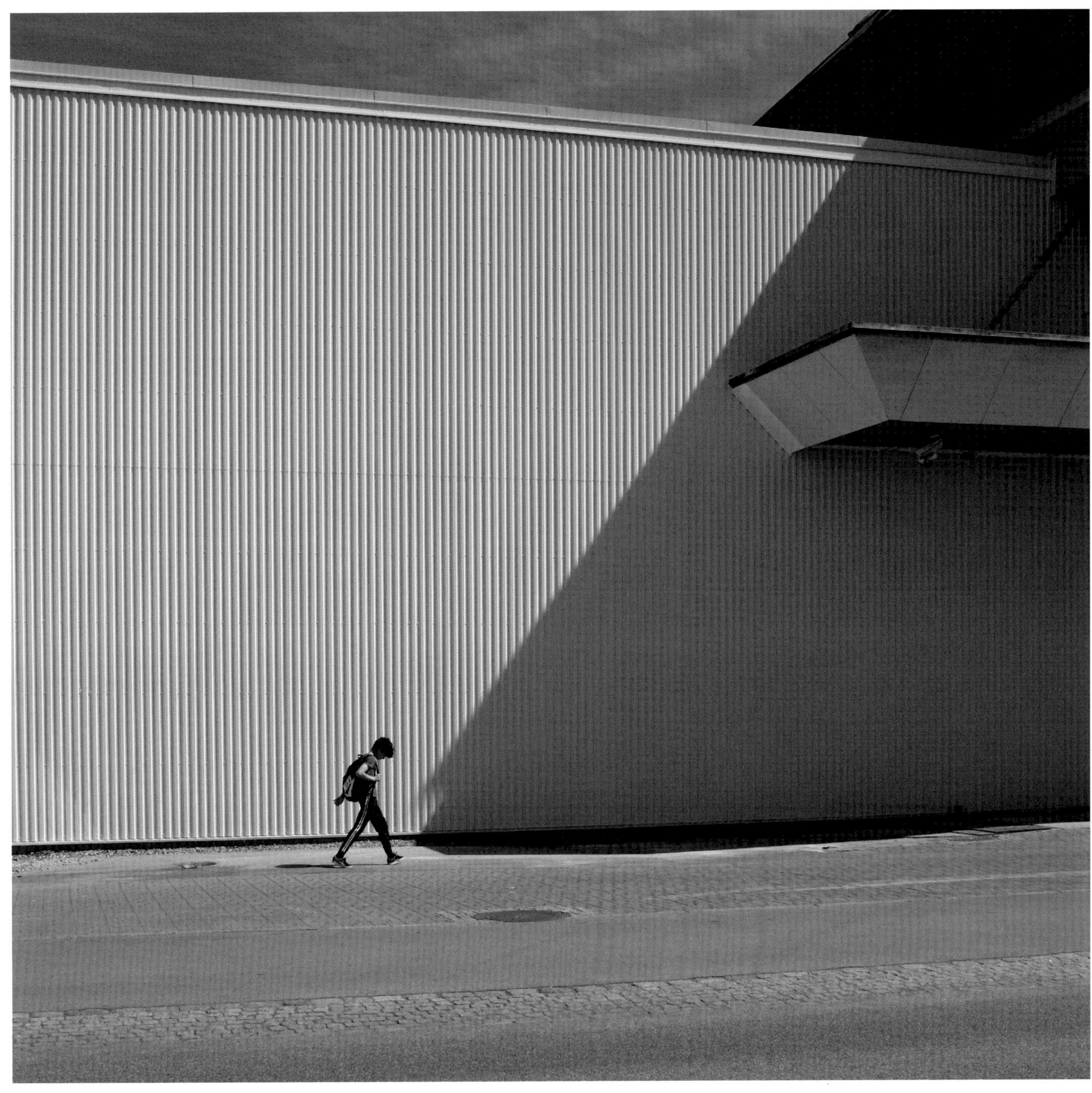

14:48:40

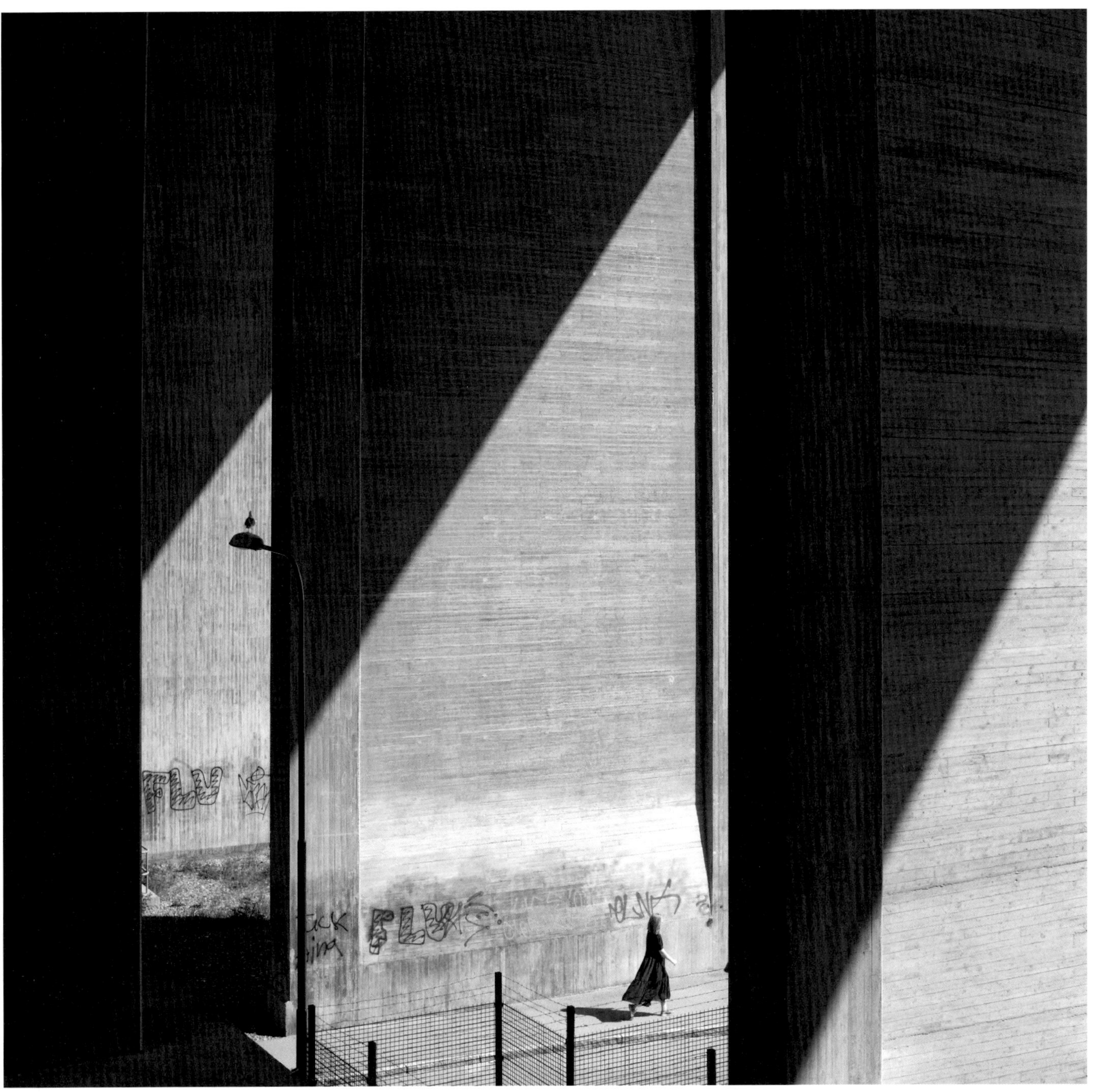

14:51:56

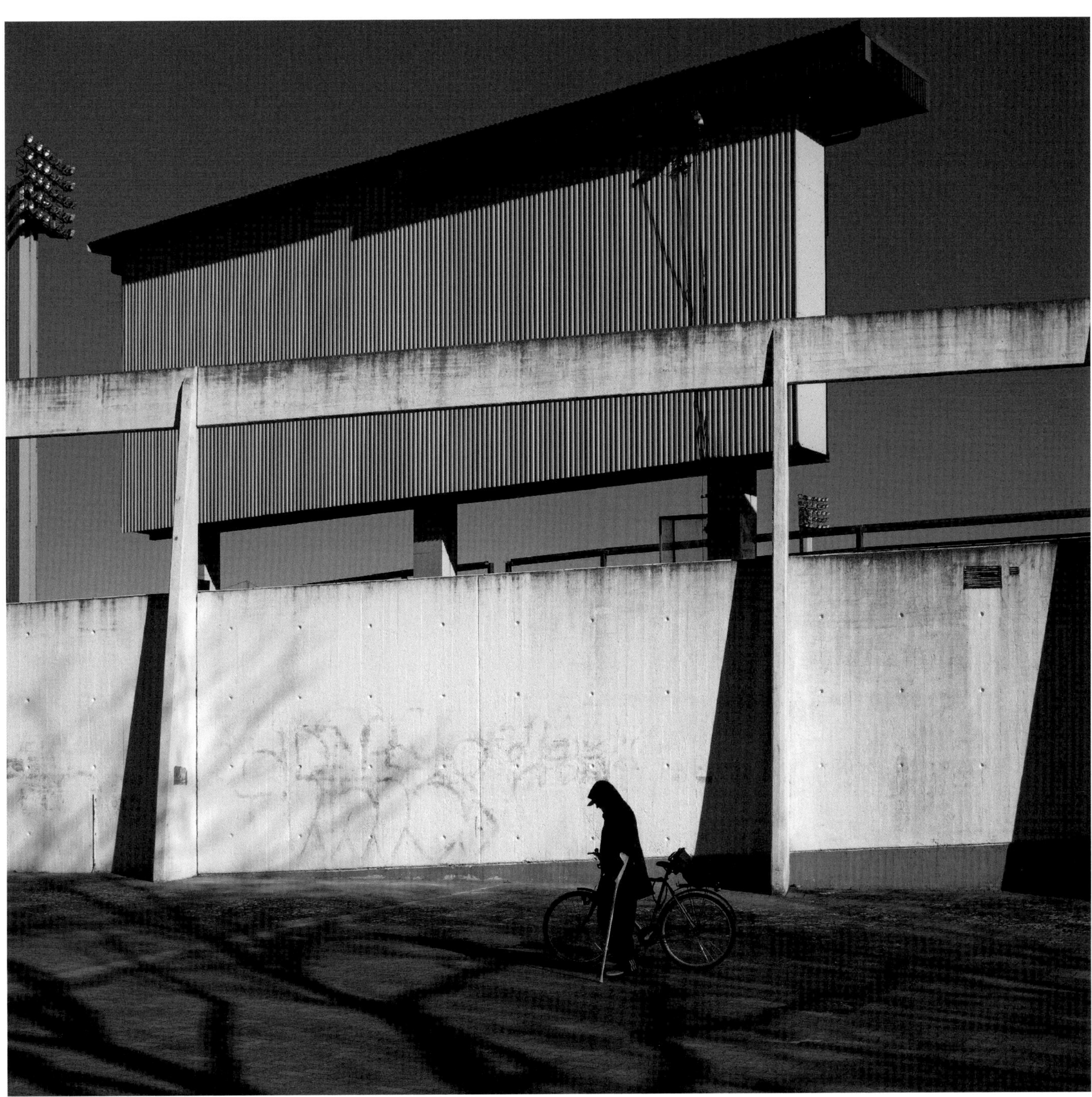

14:55:23

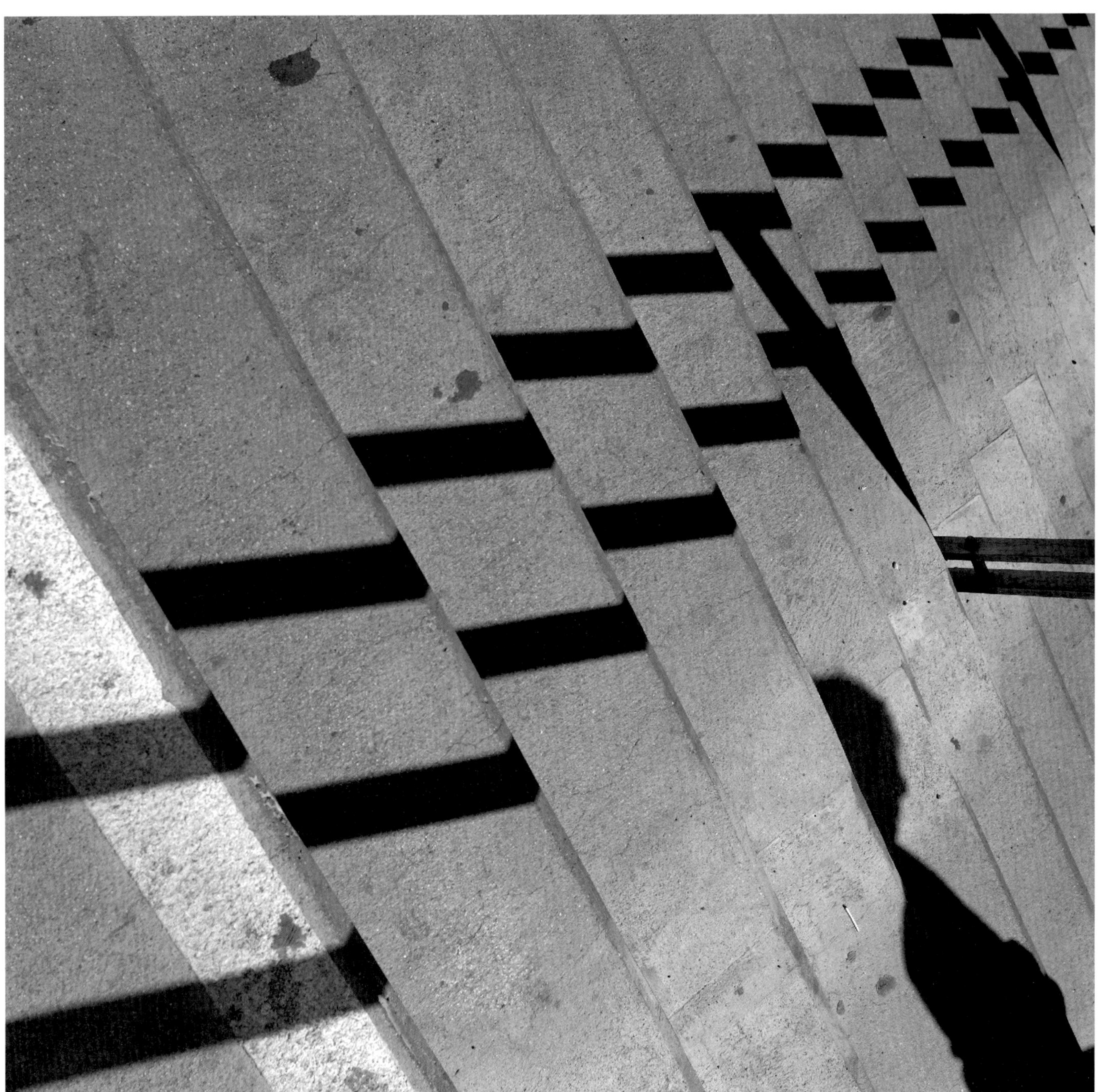

14:59:18

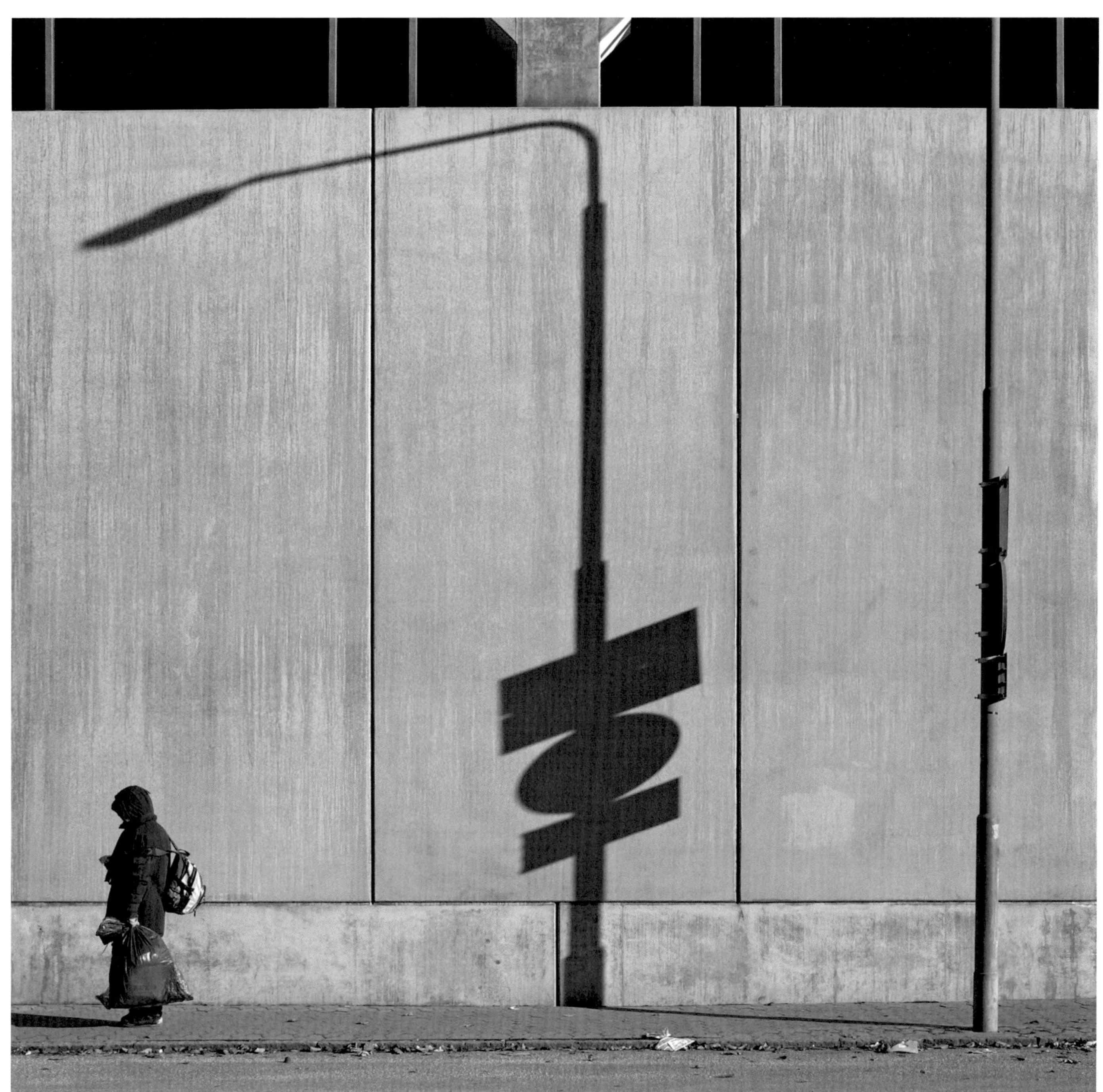

15:25:20

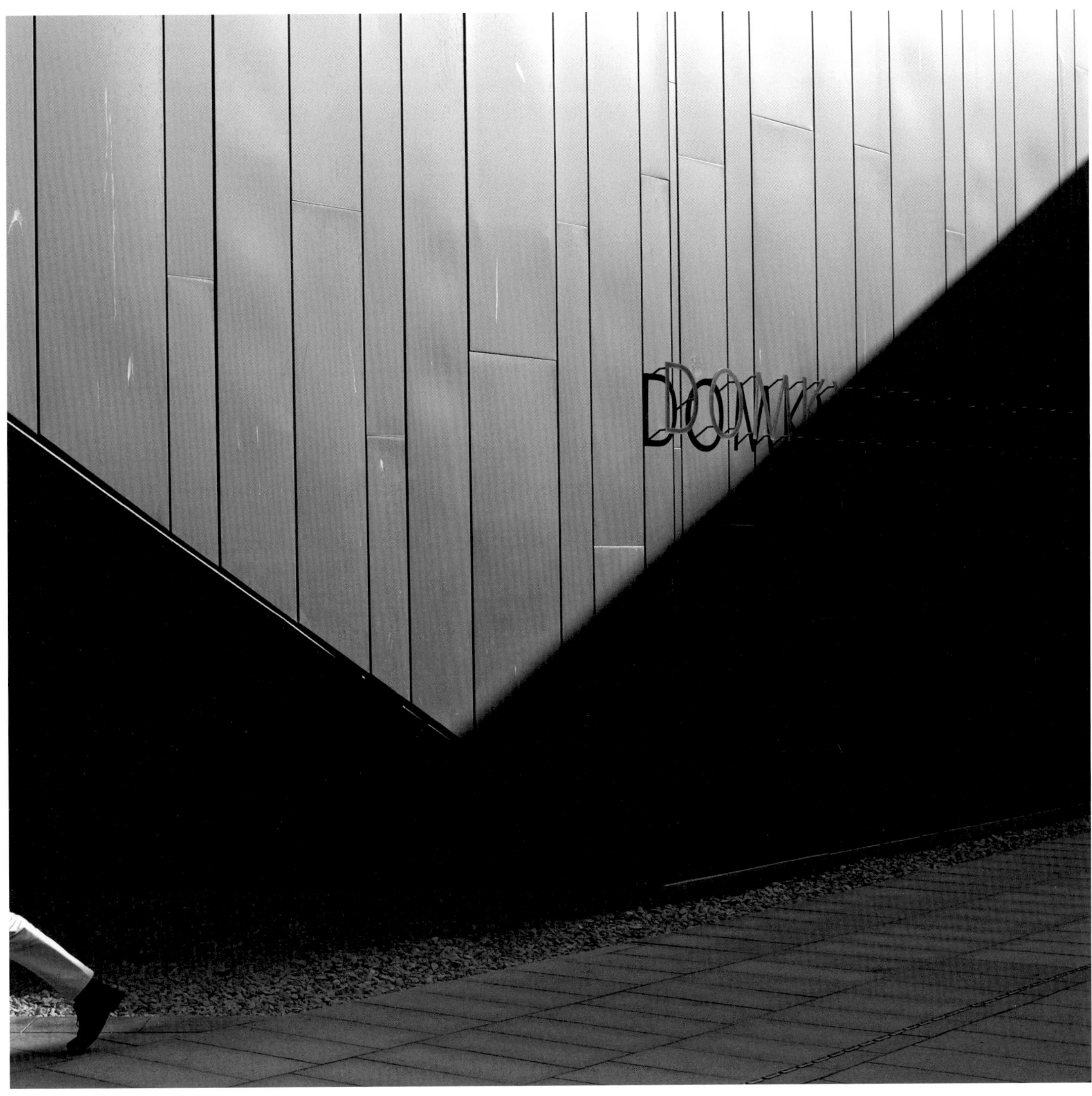

15:40:15

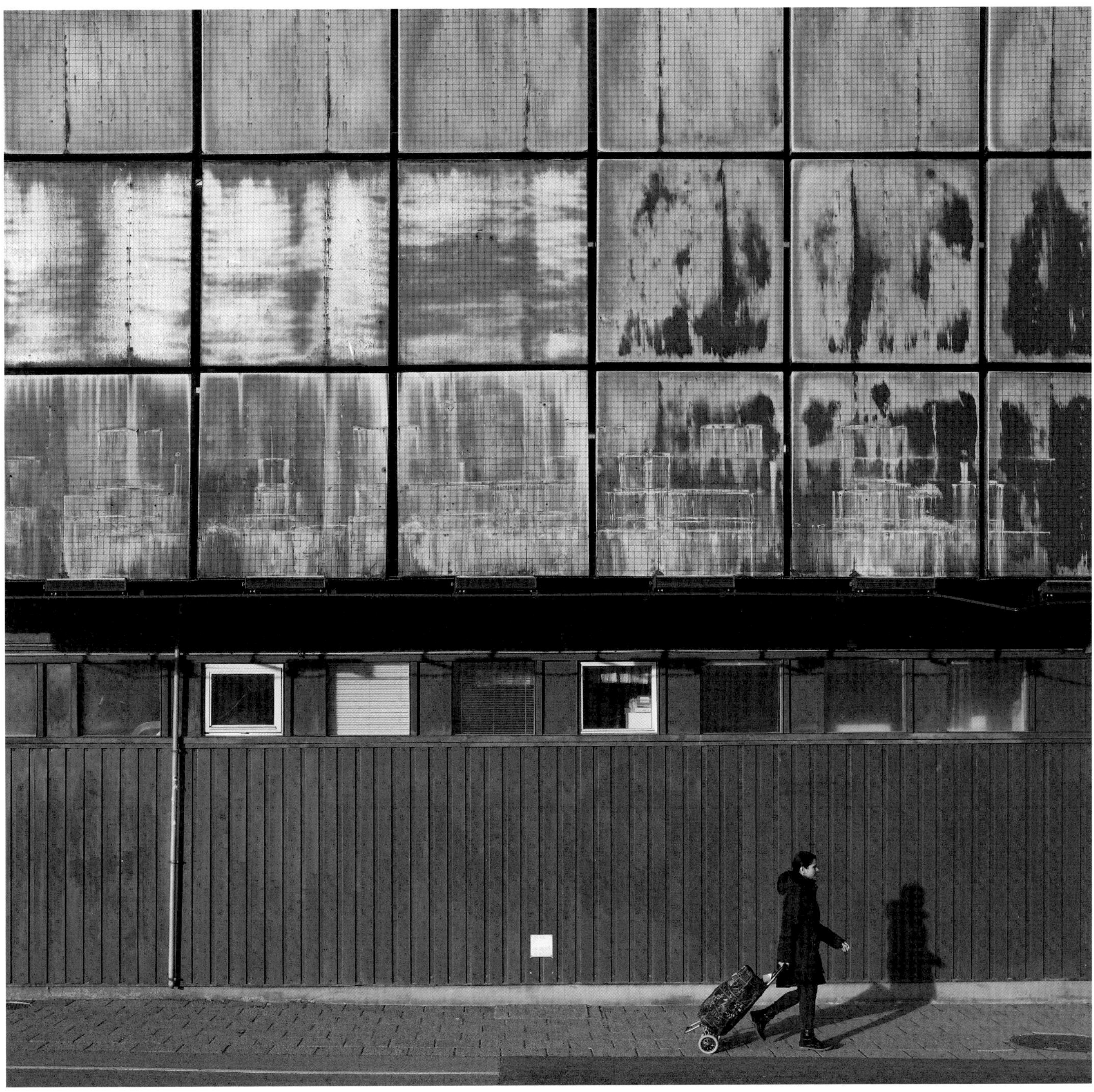

15:54:26

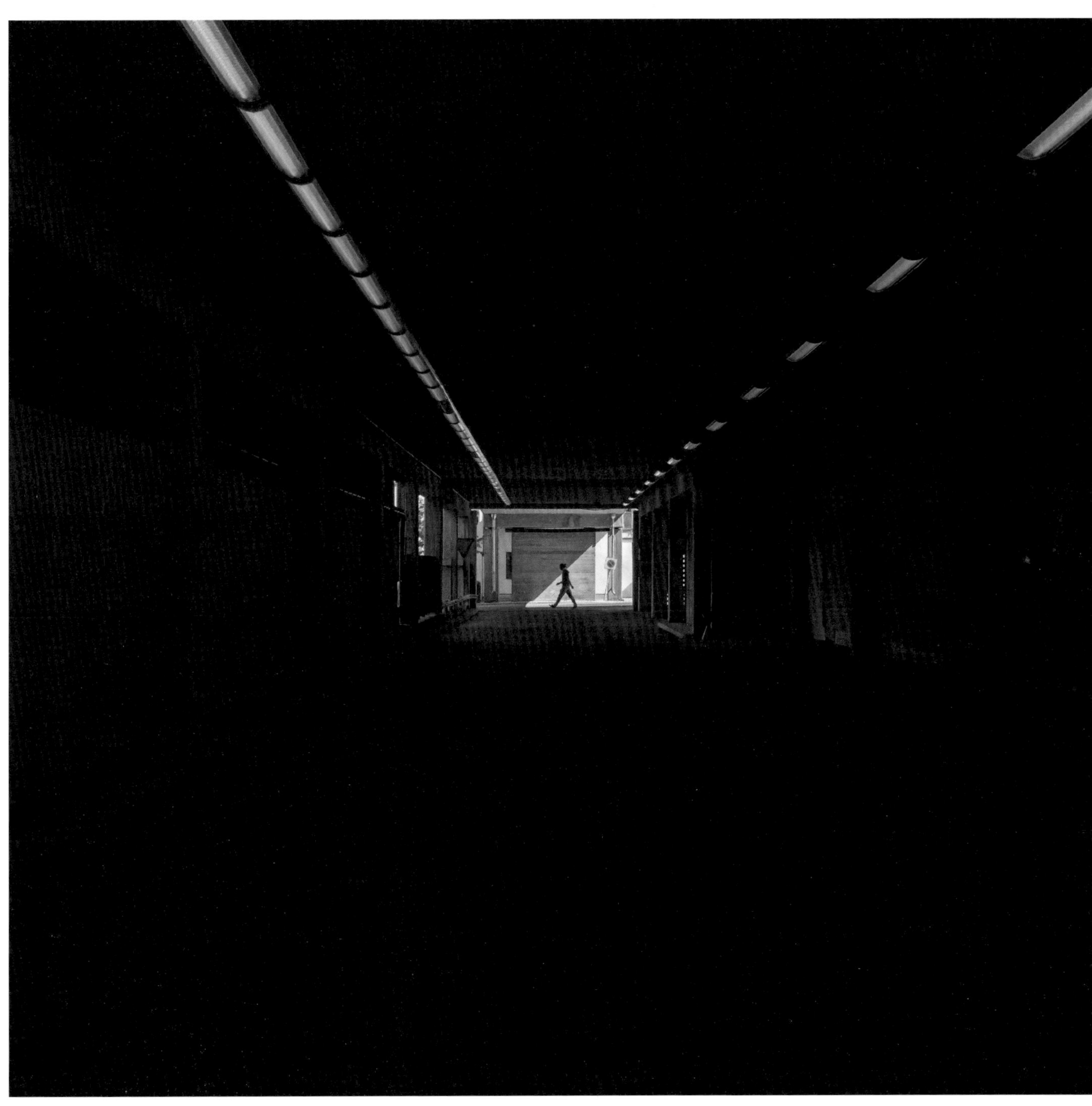

16:06:21

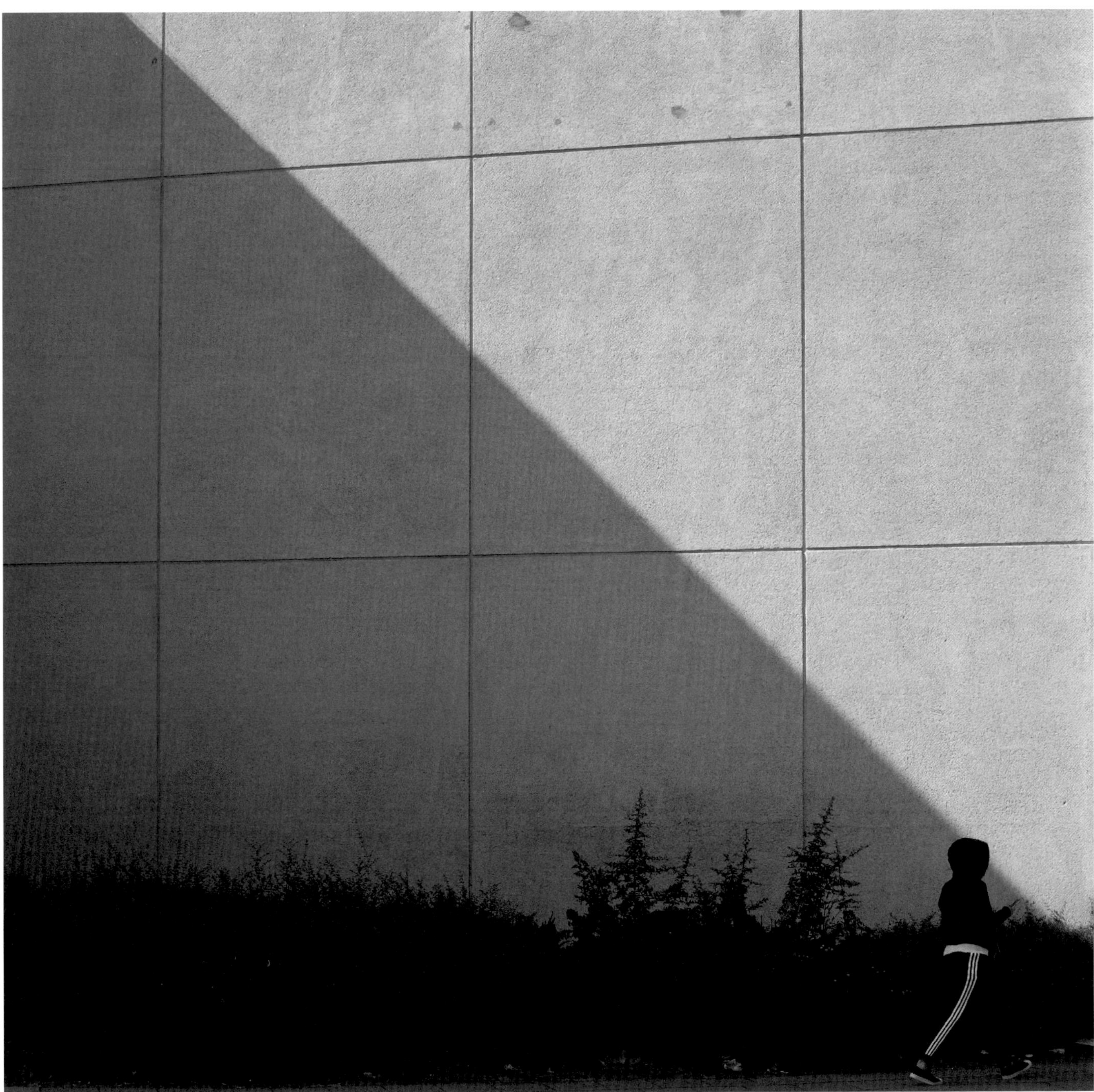

16:19:25

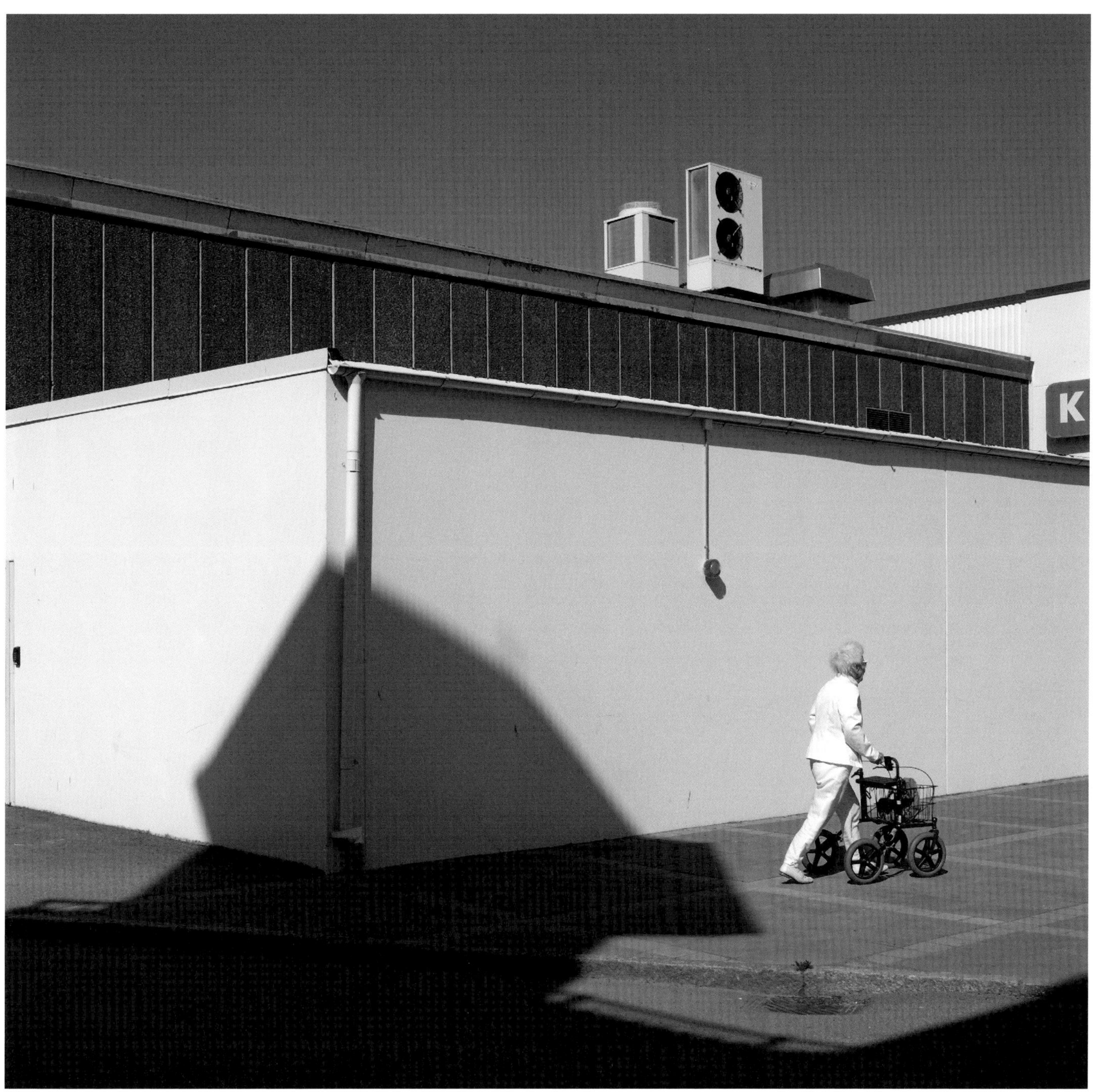

16:24:23

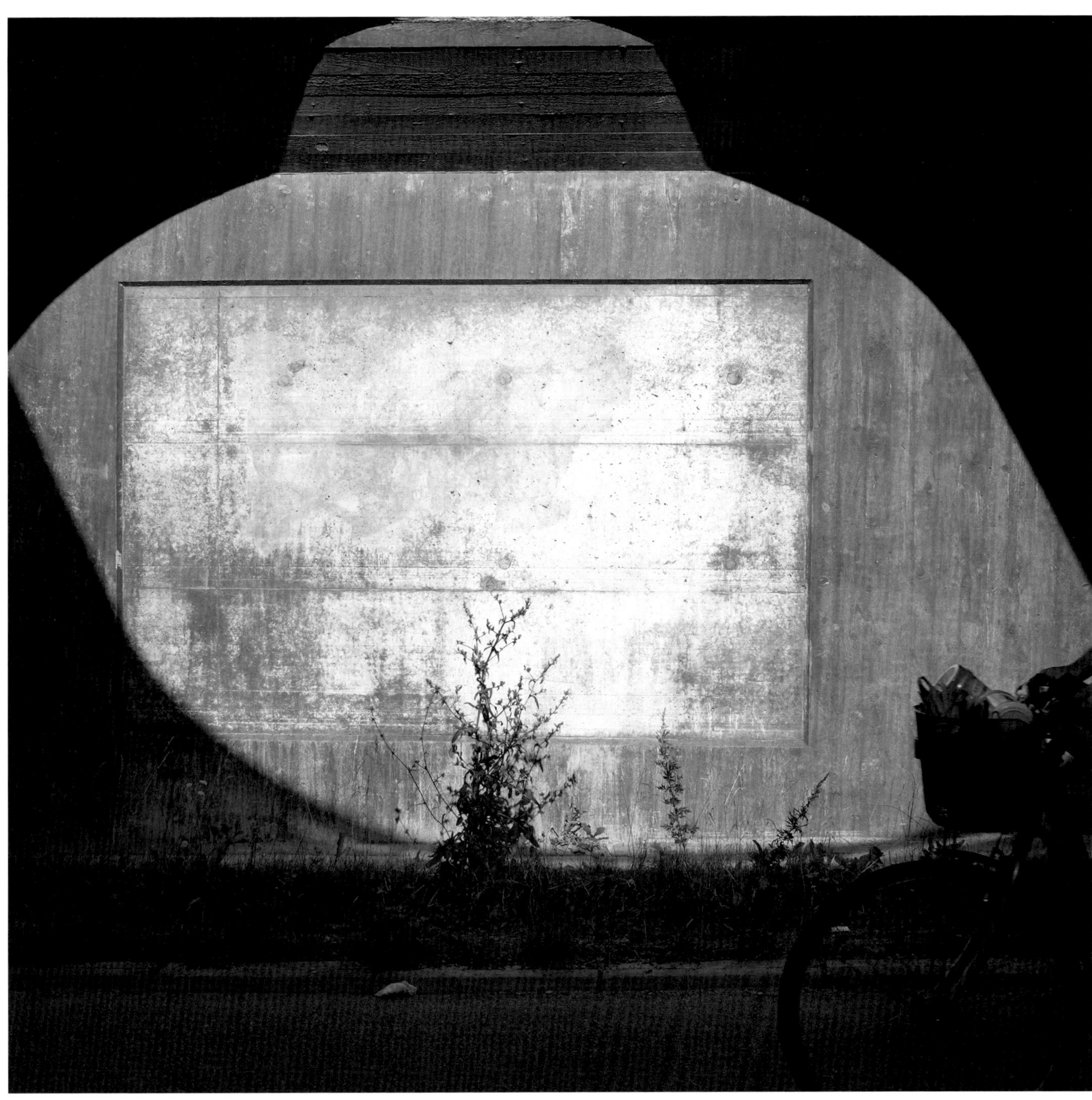

16:31:04

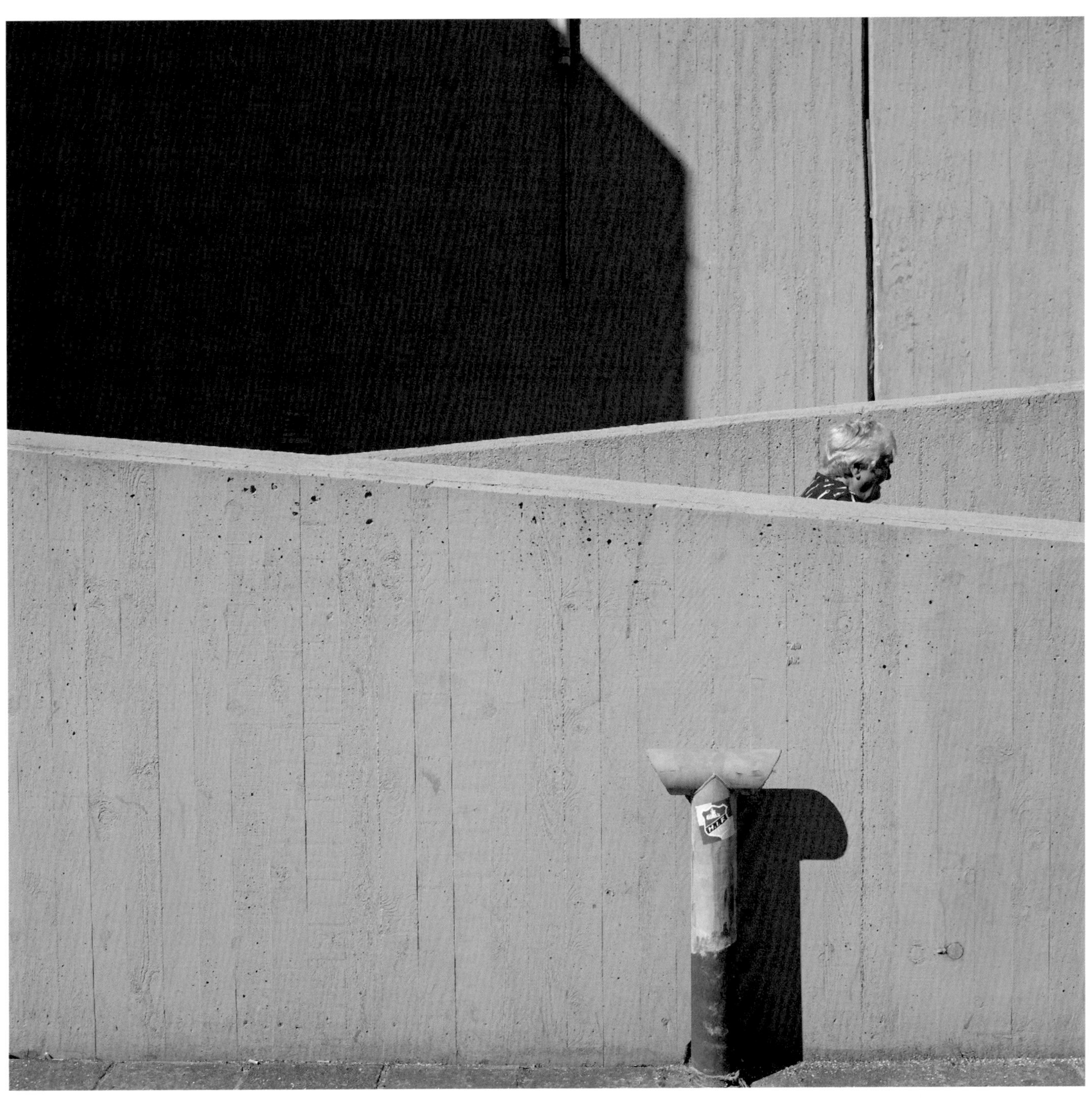

16:32:59

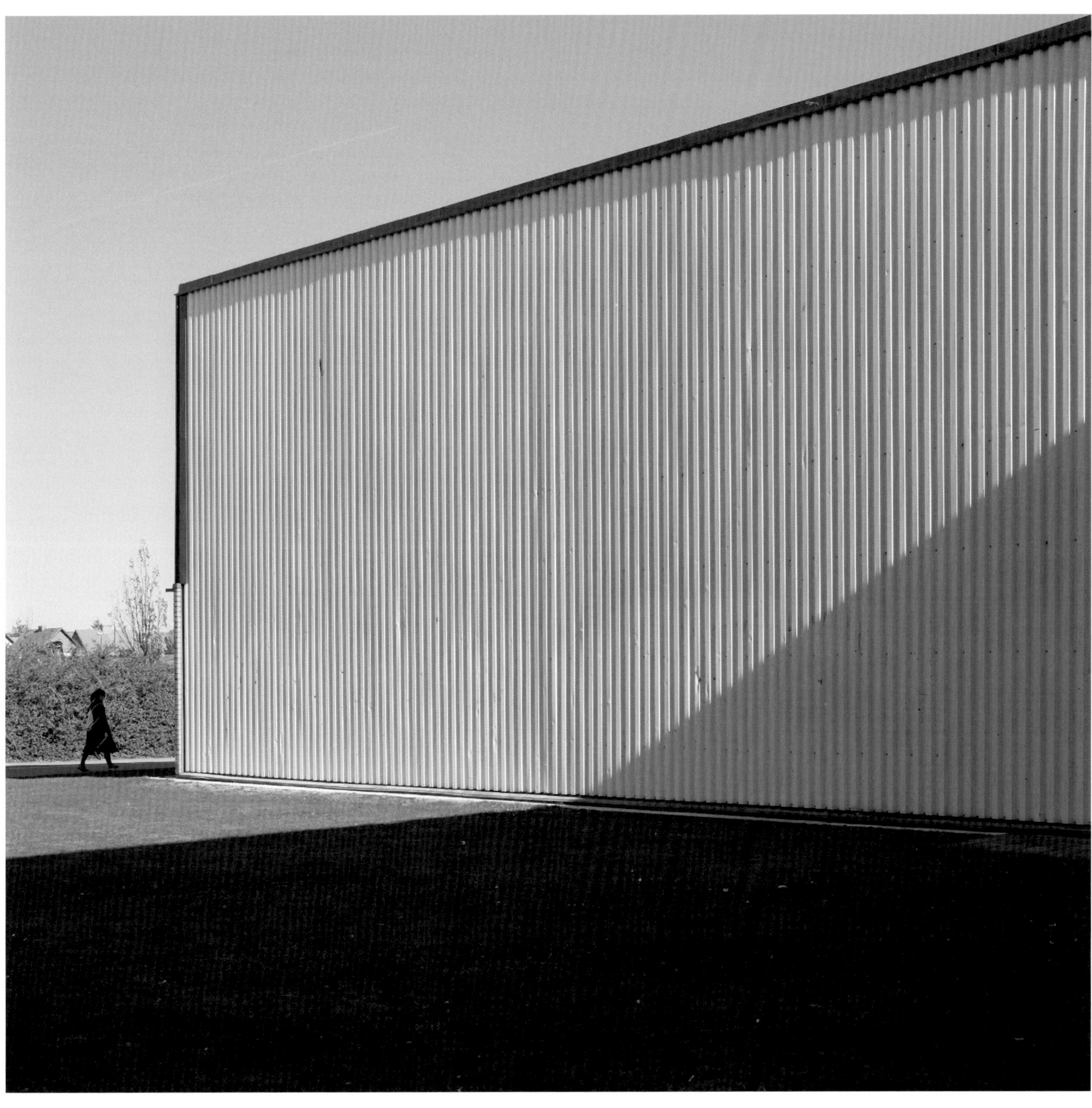

16:33:44

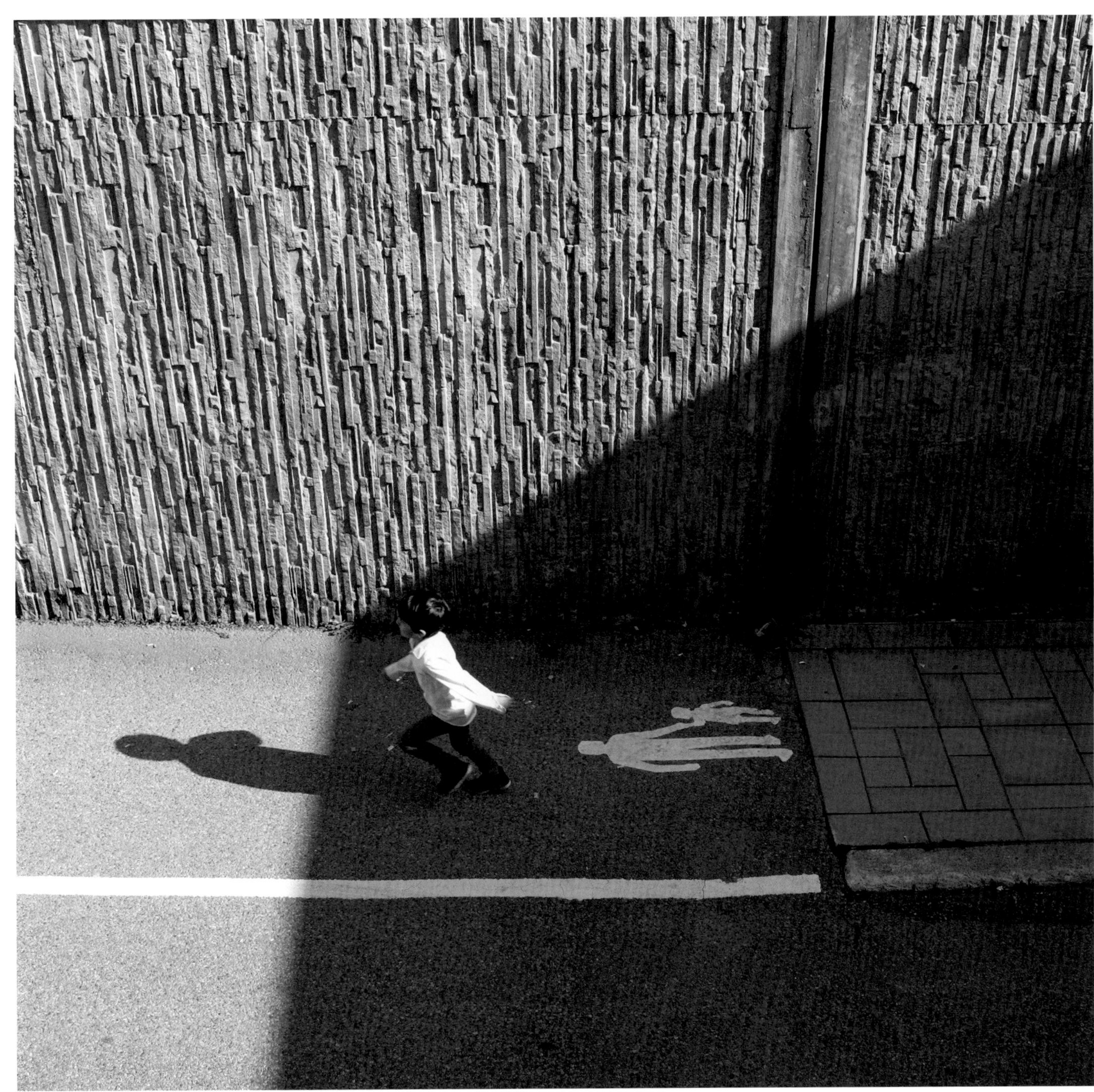

16:40:51

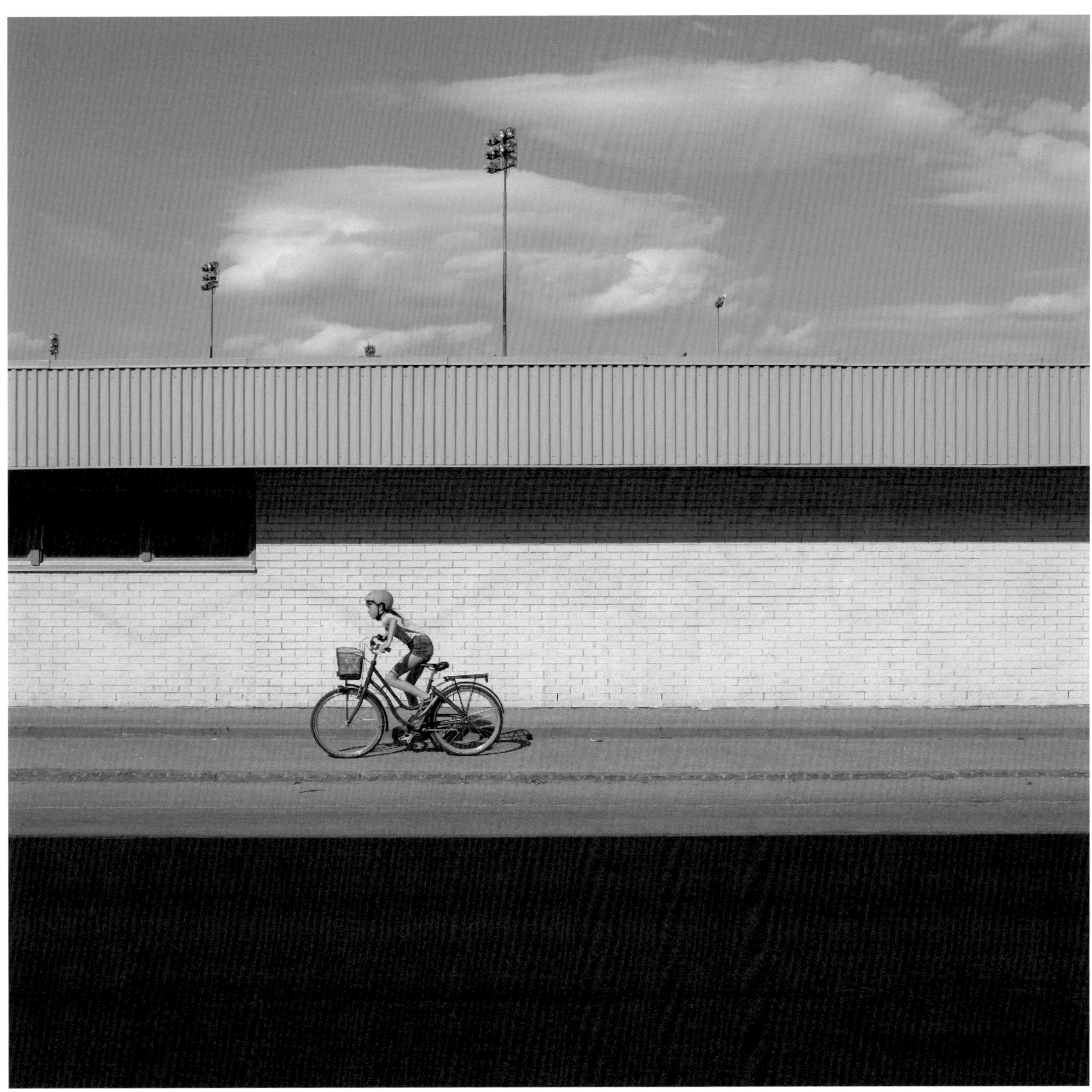

16:41:53

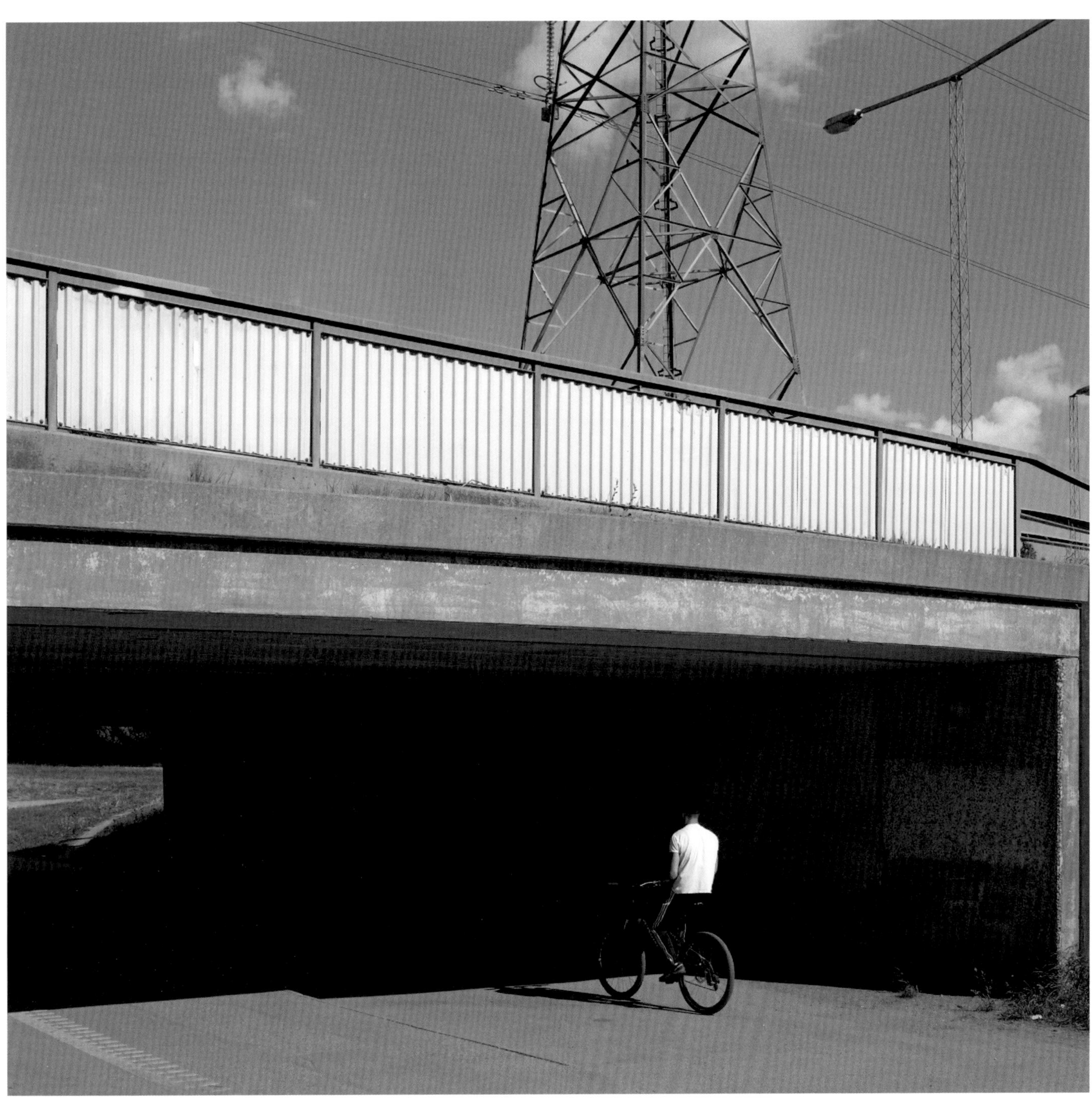

16:55:04

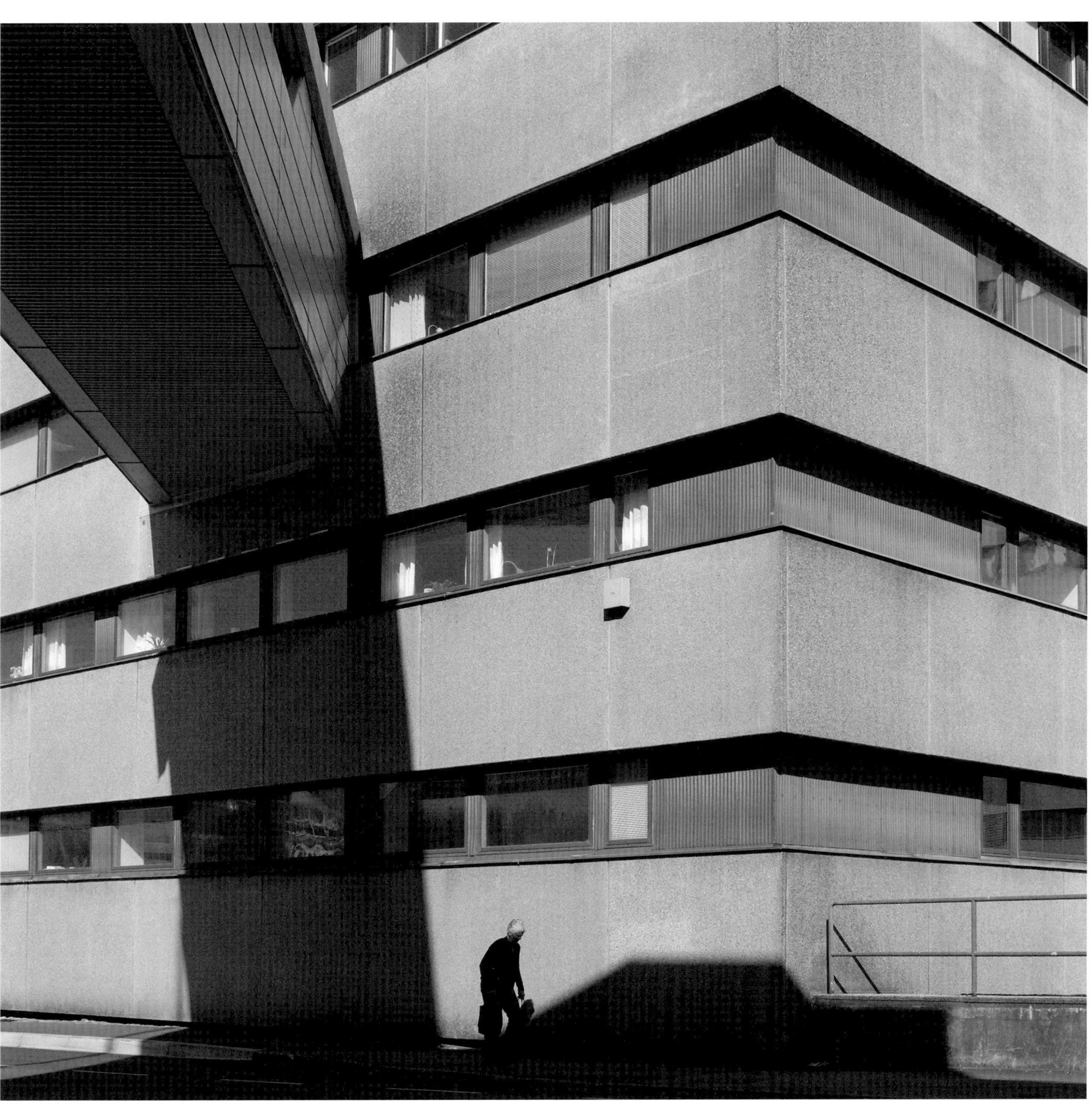

16:57:32

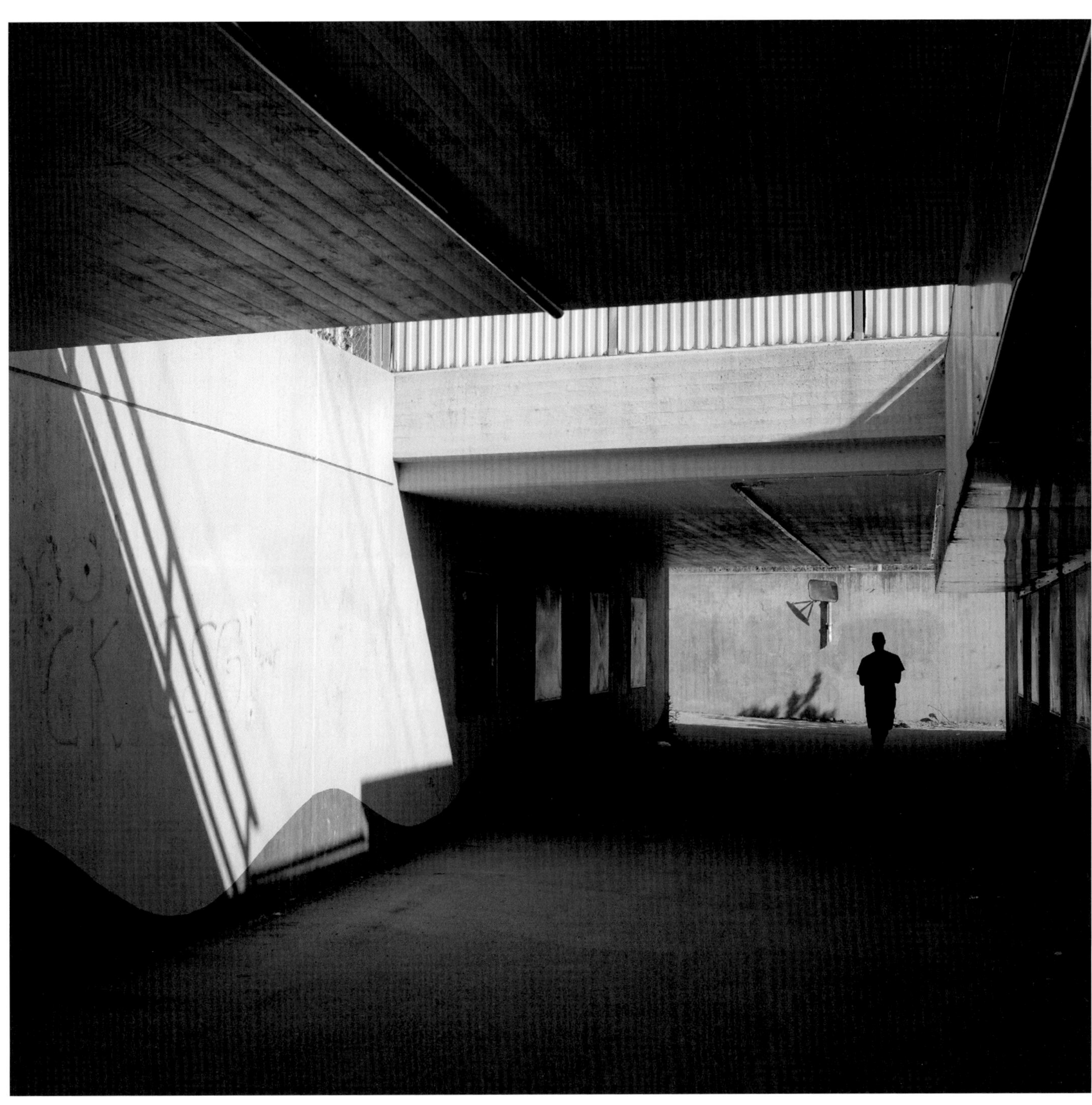

16:58:38

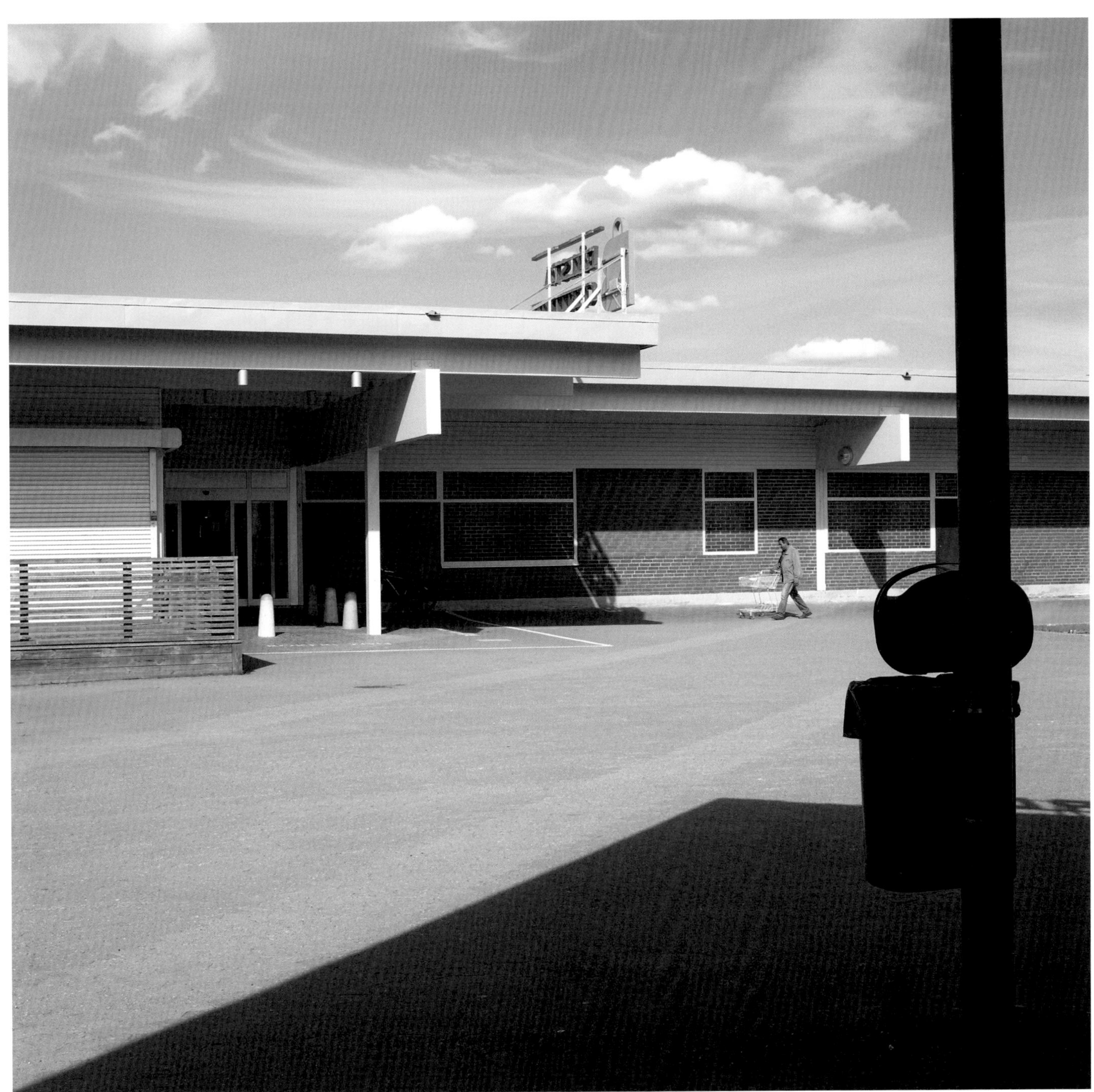

17:01:06

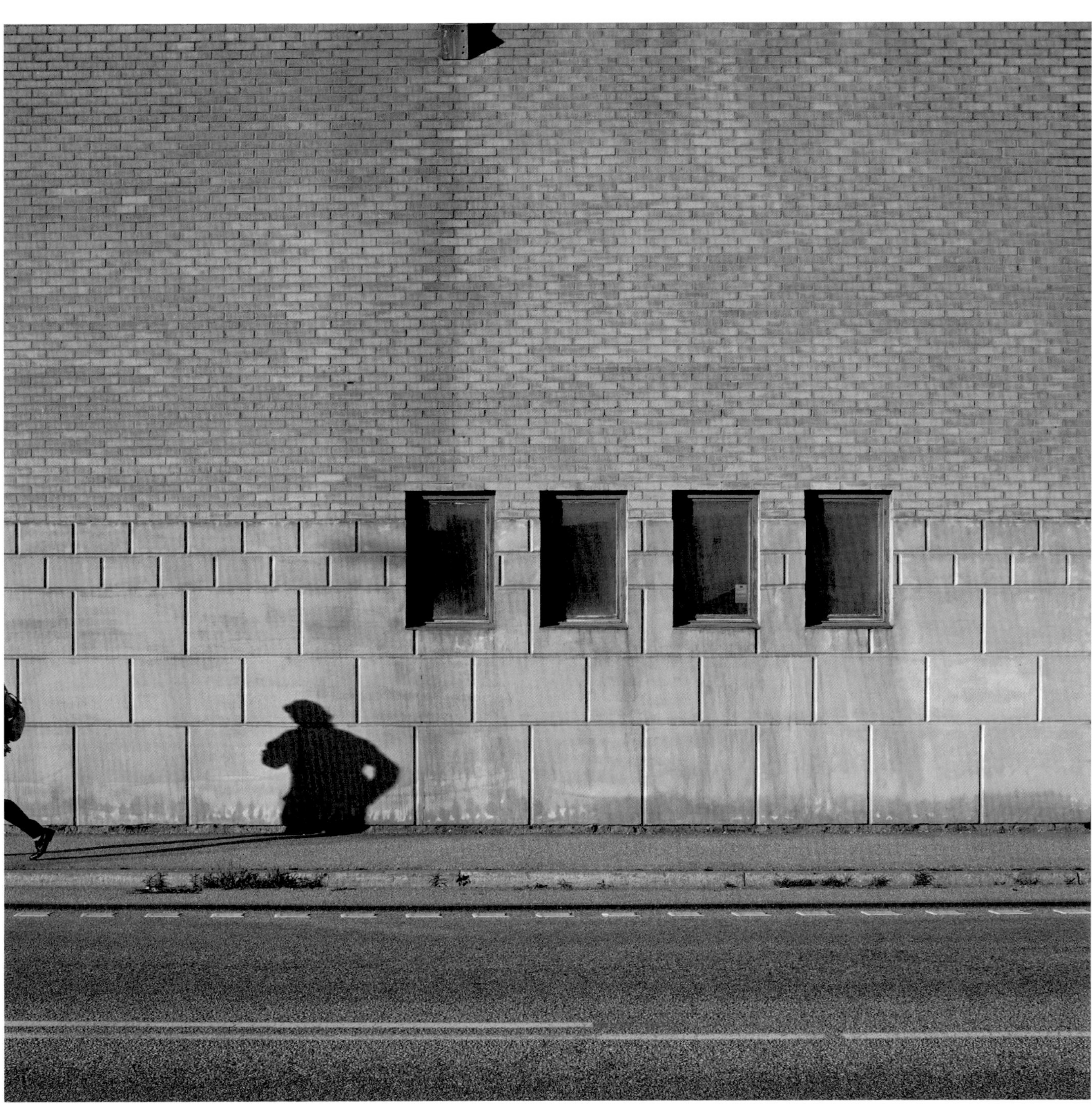

17:09:46

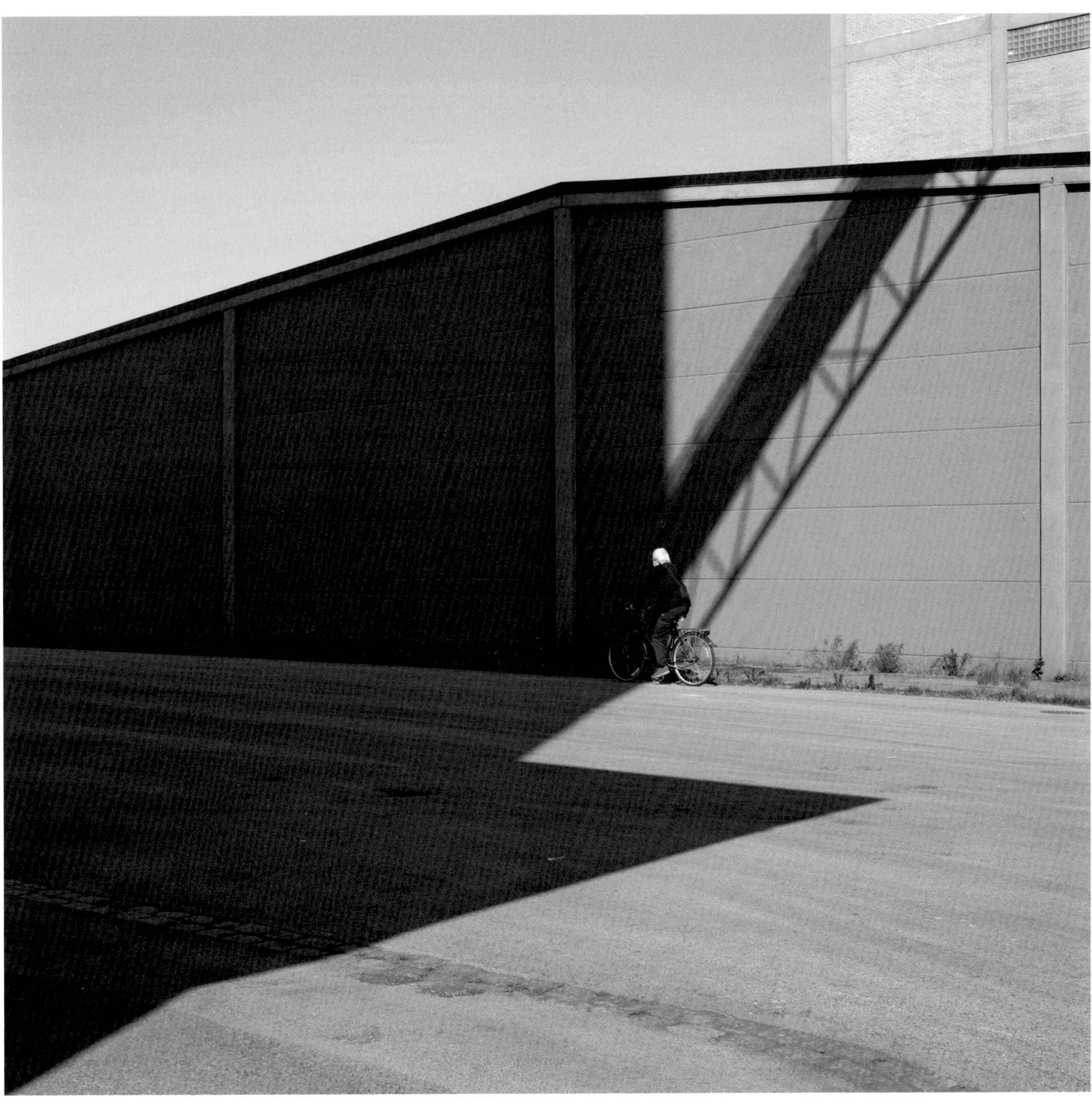

17:13:23

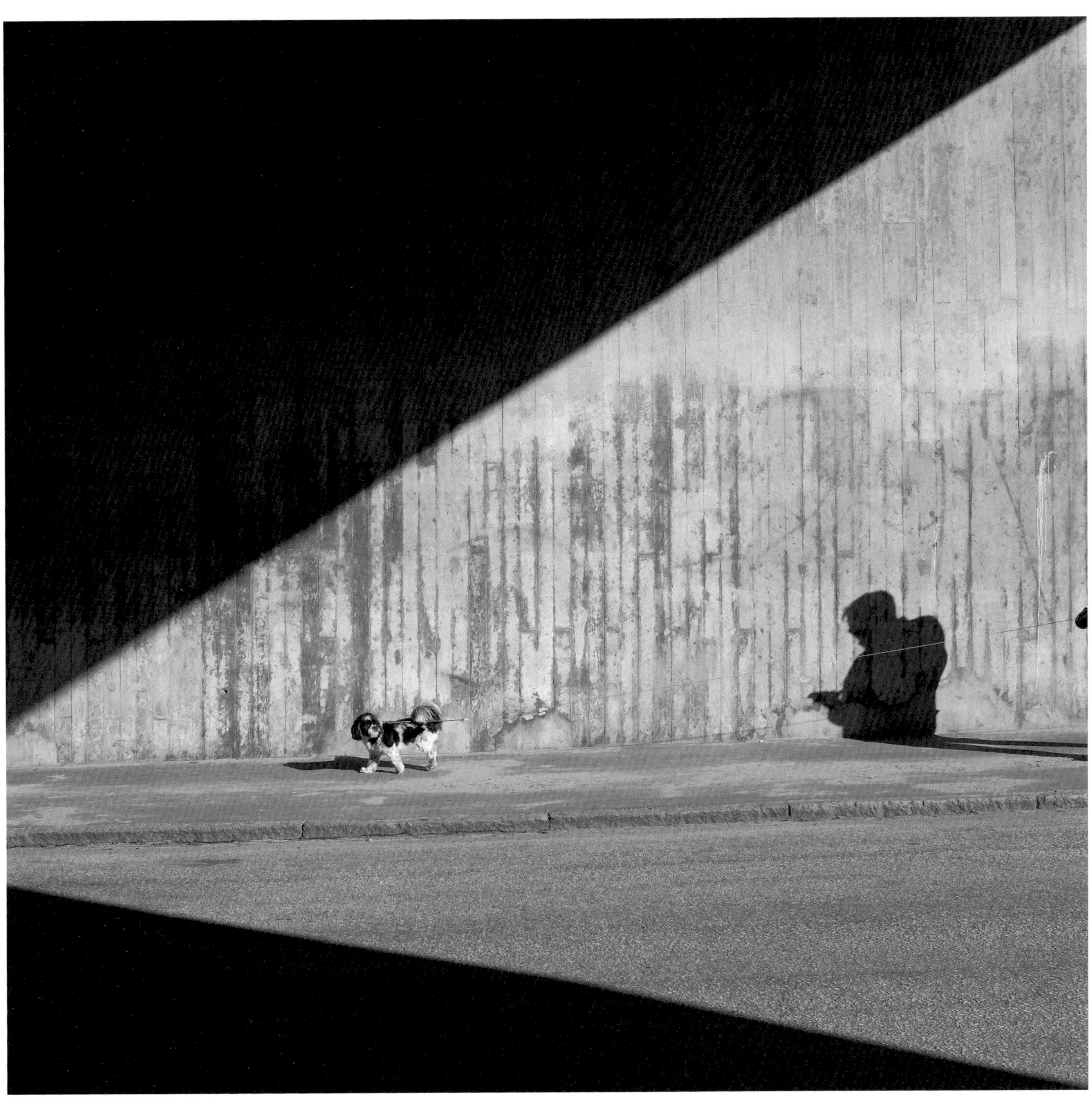

17:17:55

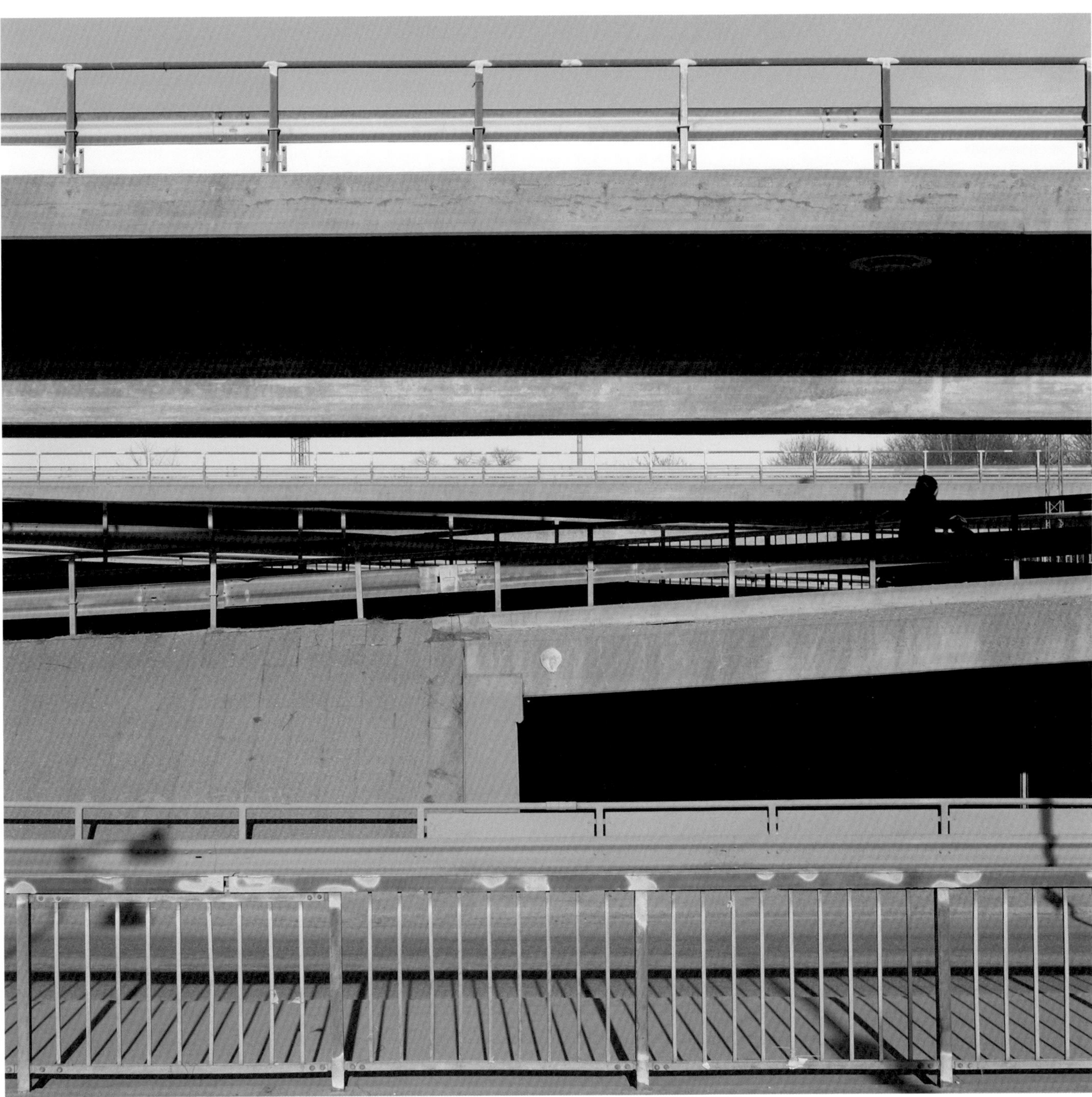

17:32:46

17:42:14

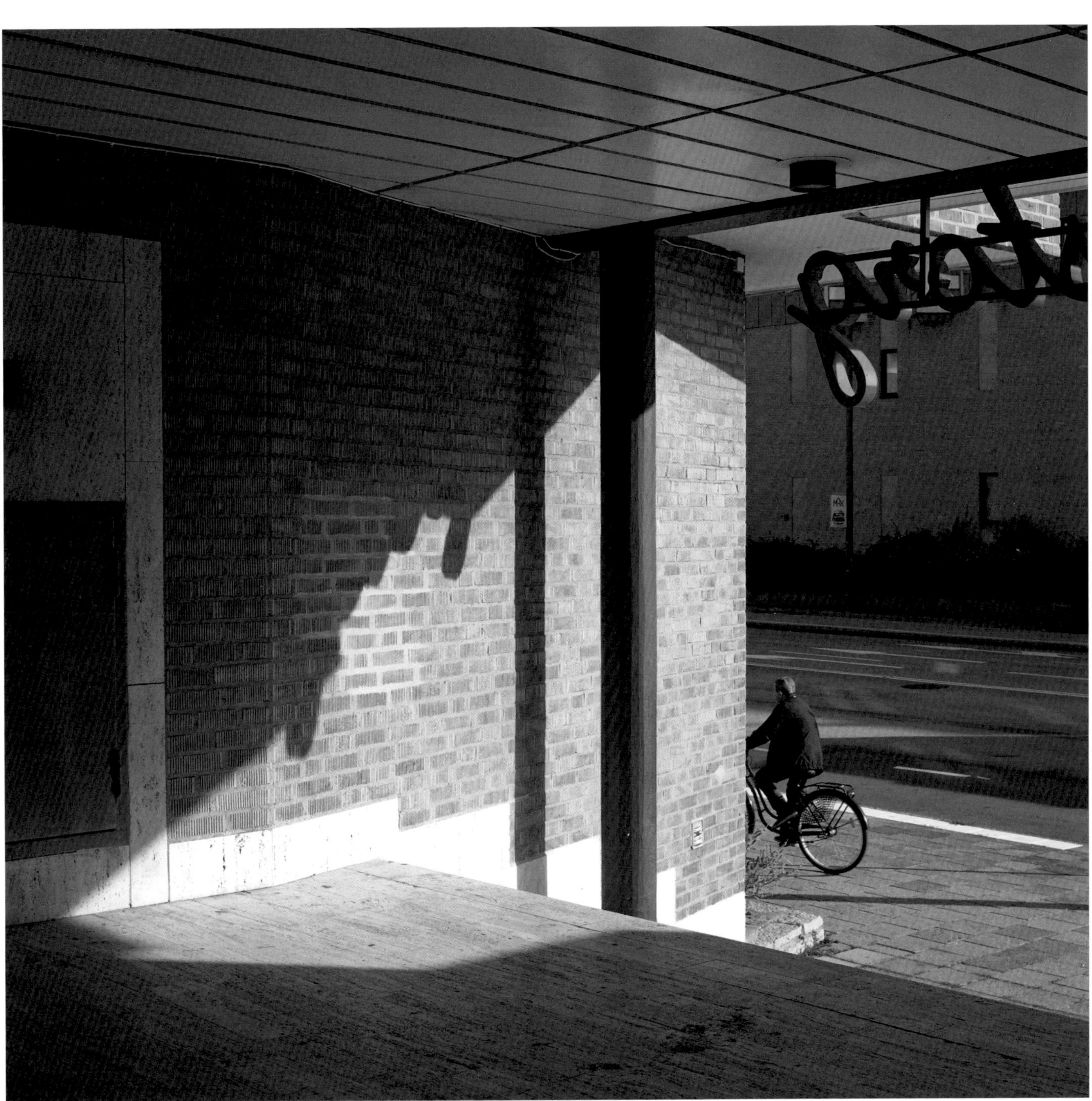

17:45:20

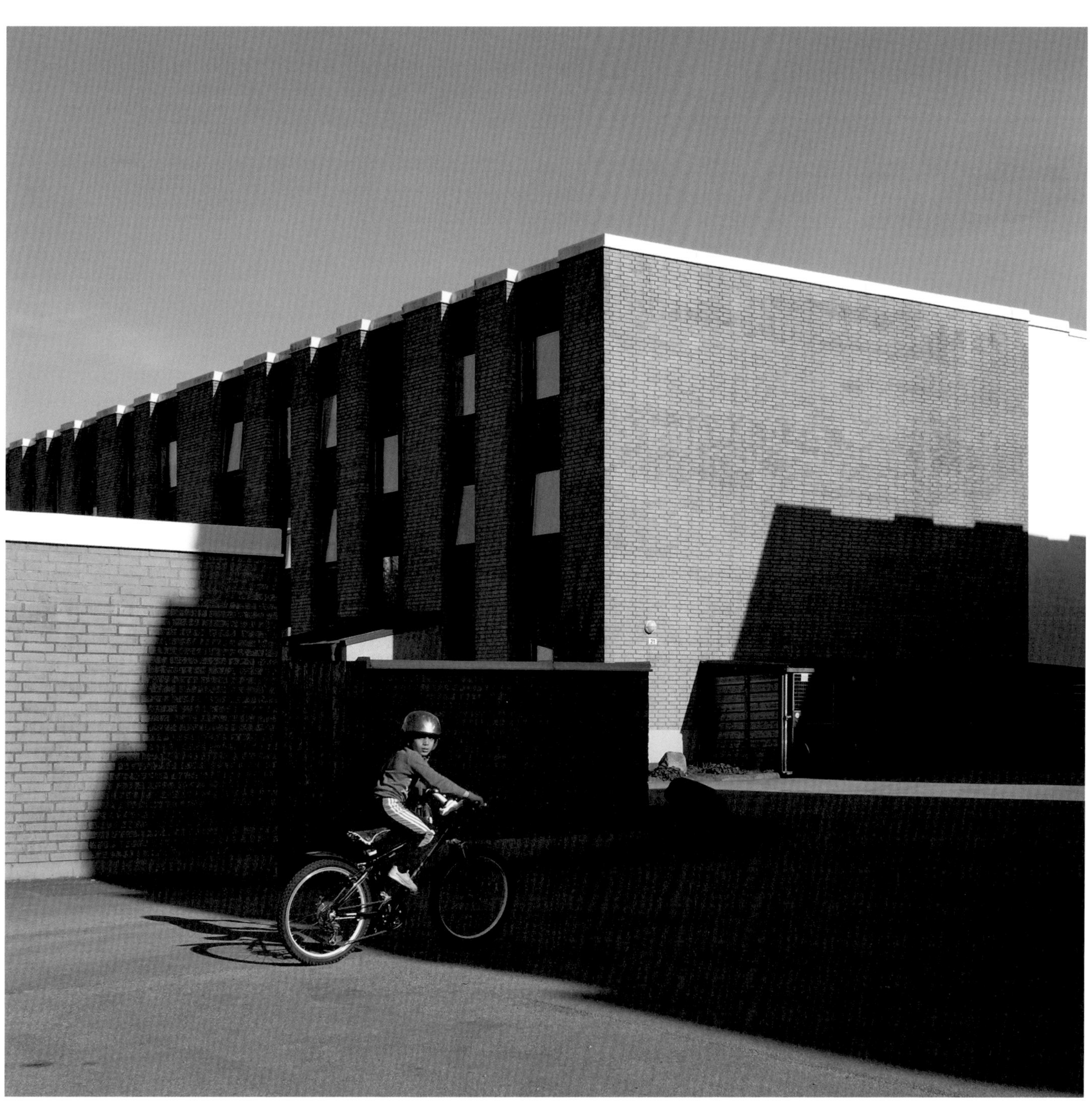

17:51:01

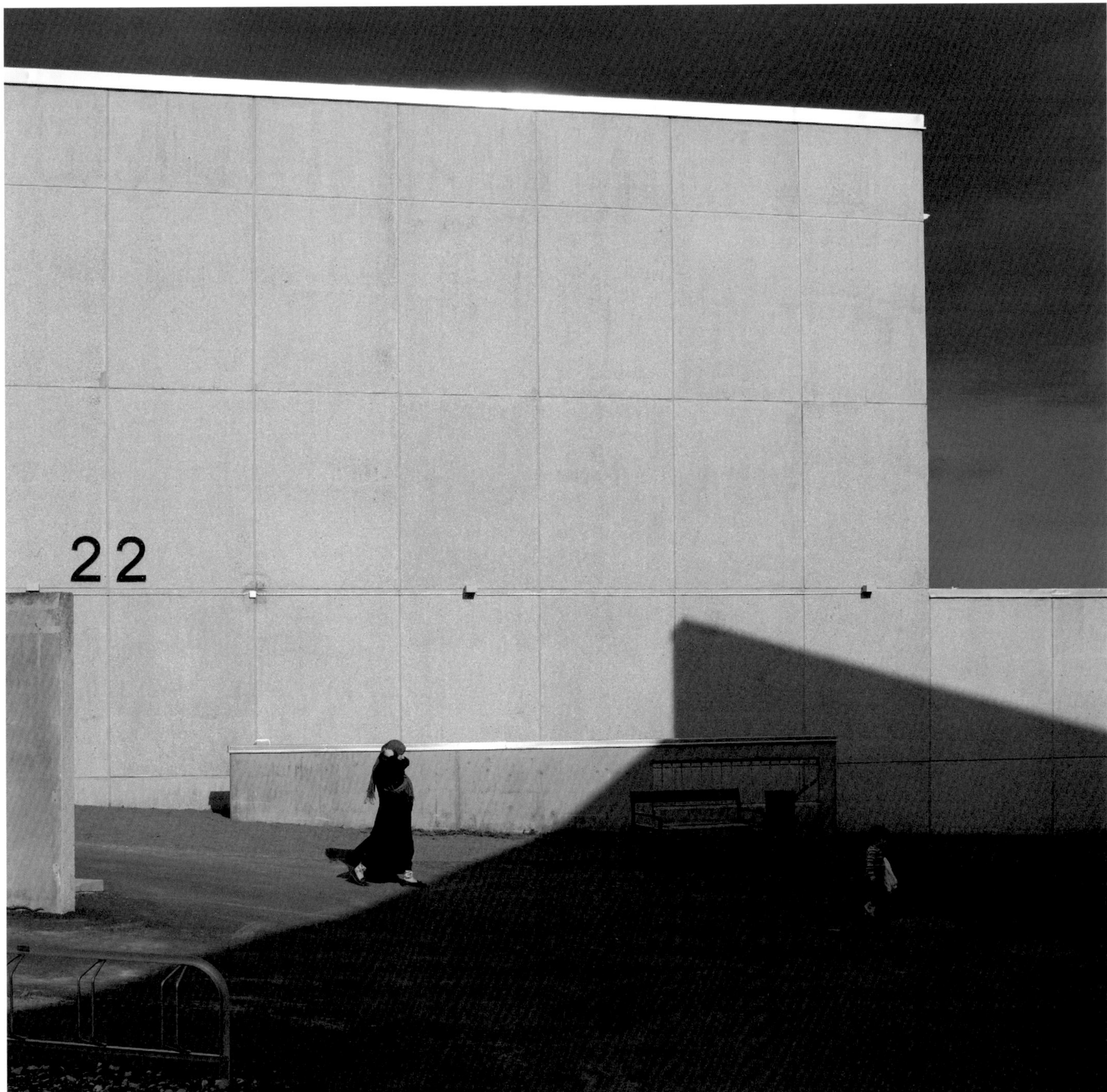

22

18:06:36

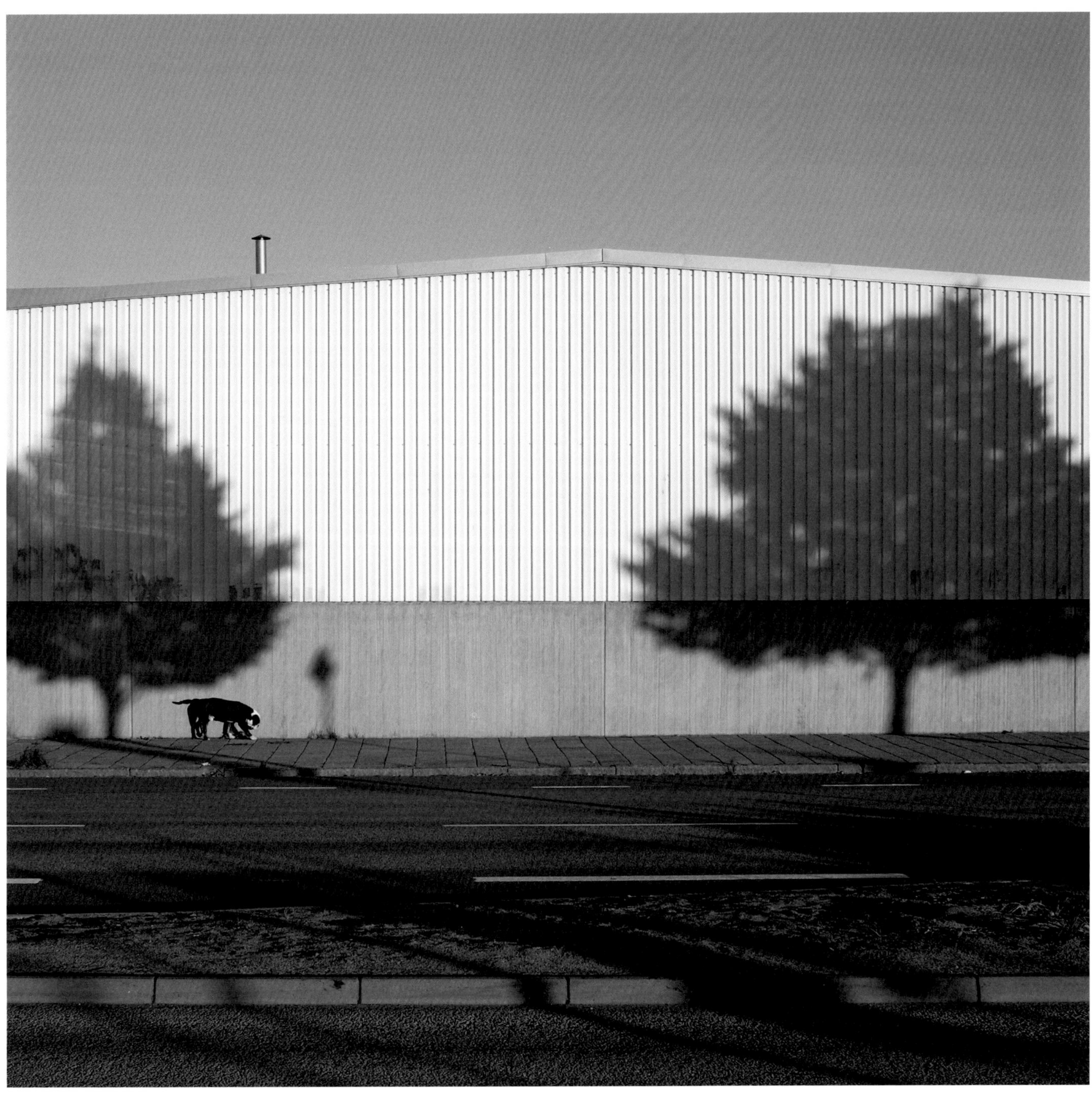

18:17:36

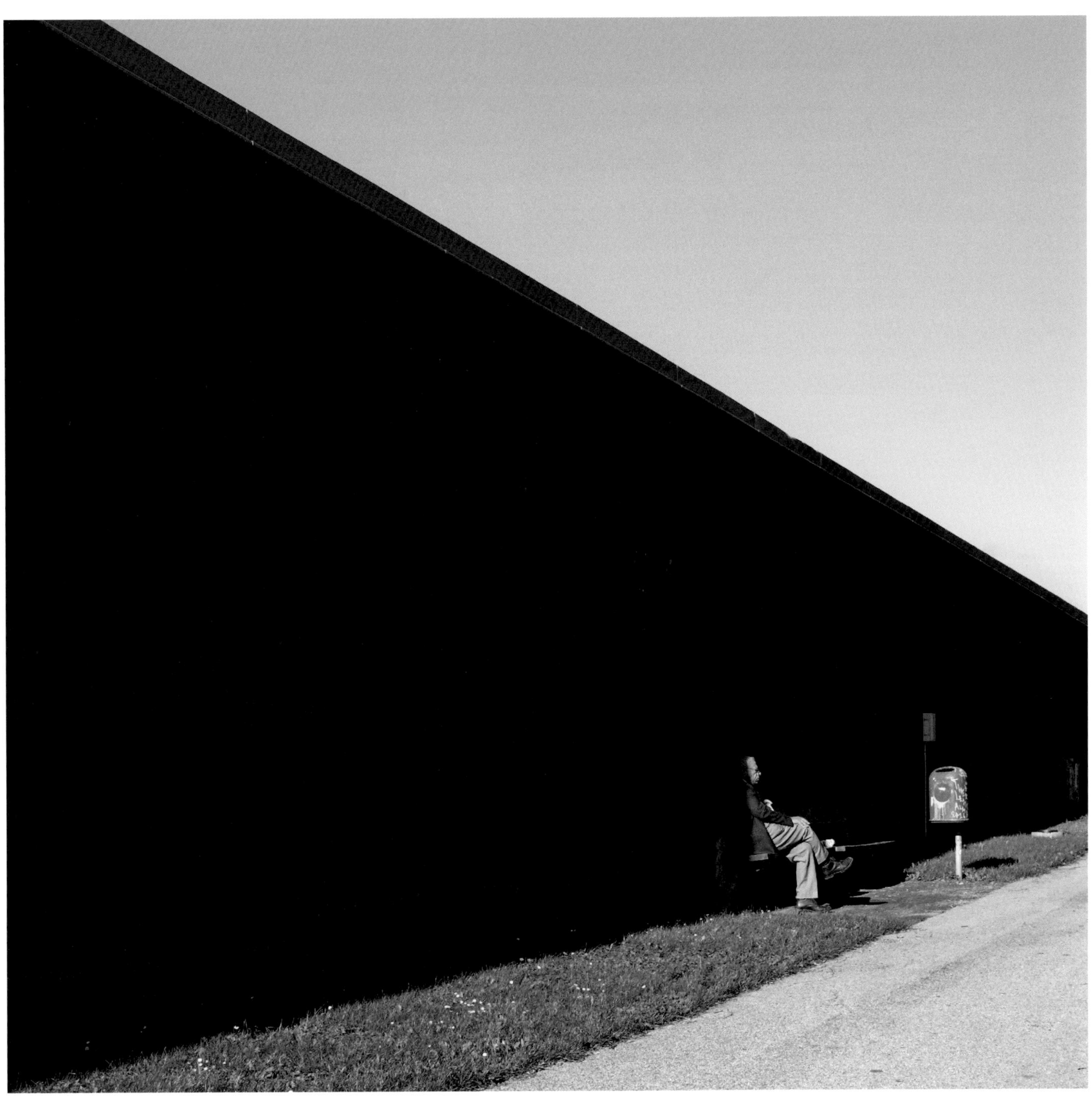

18:42:05

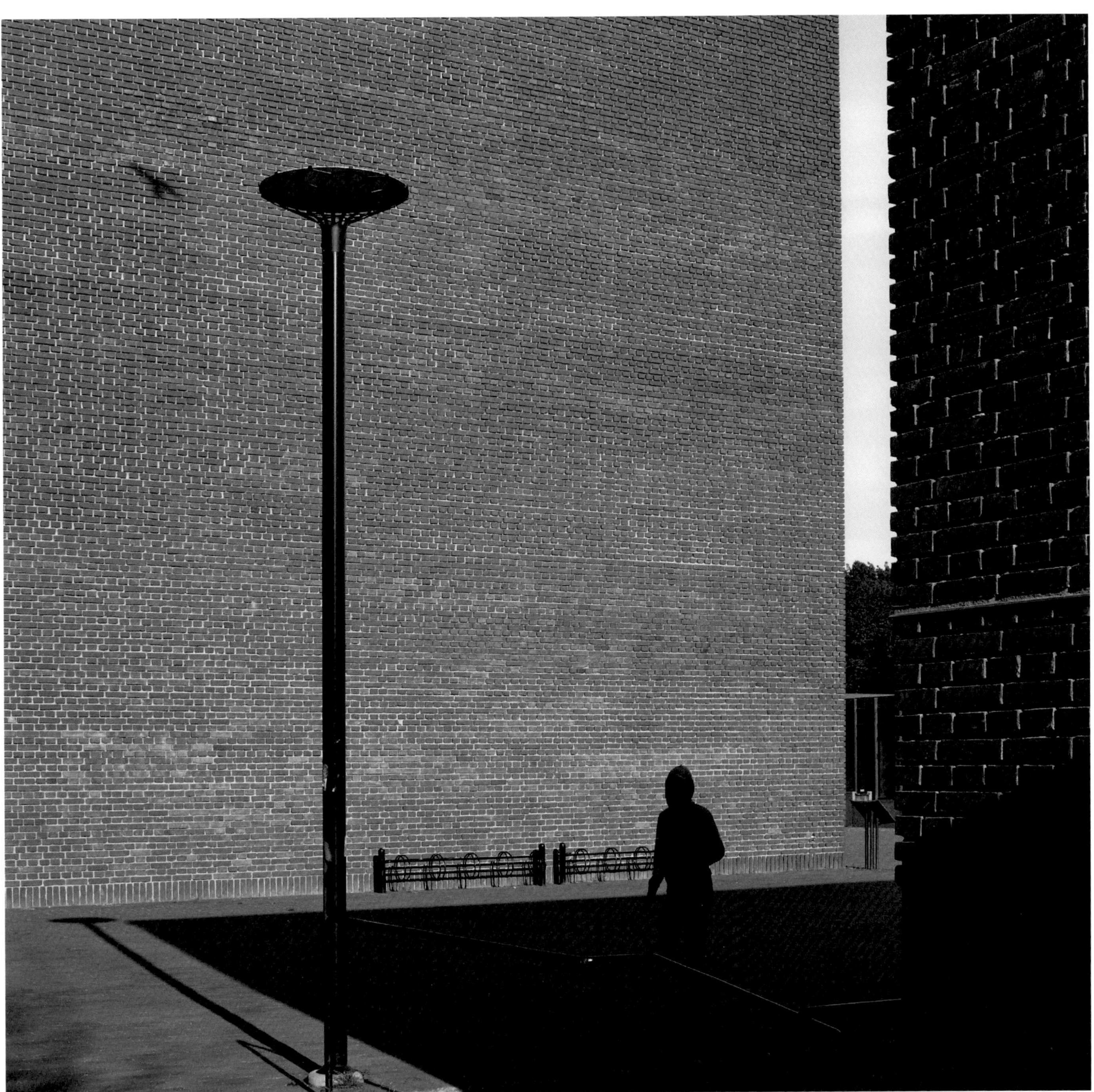

19:01:51

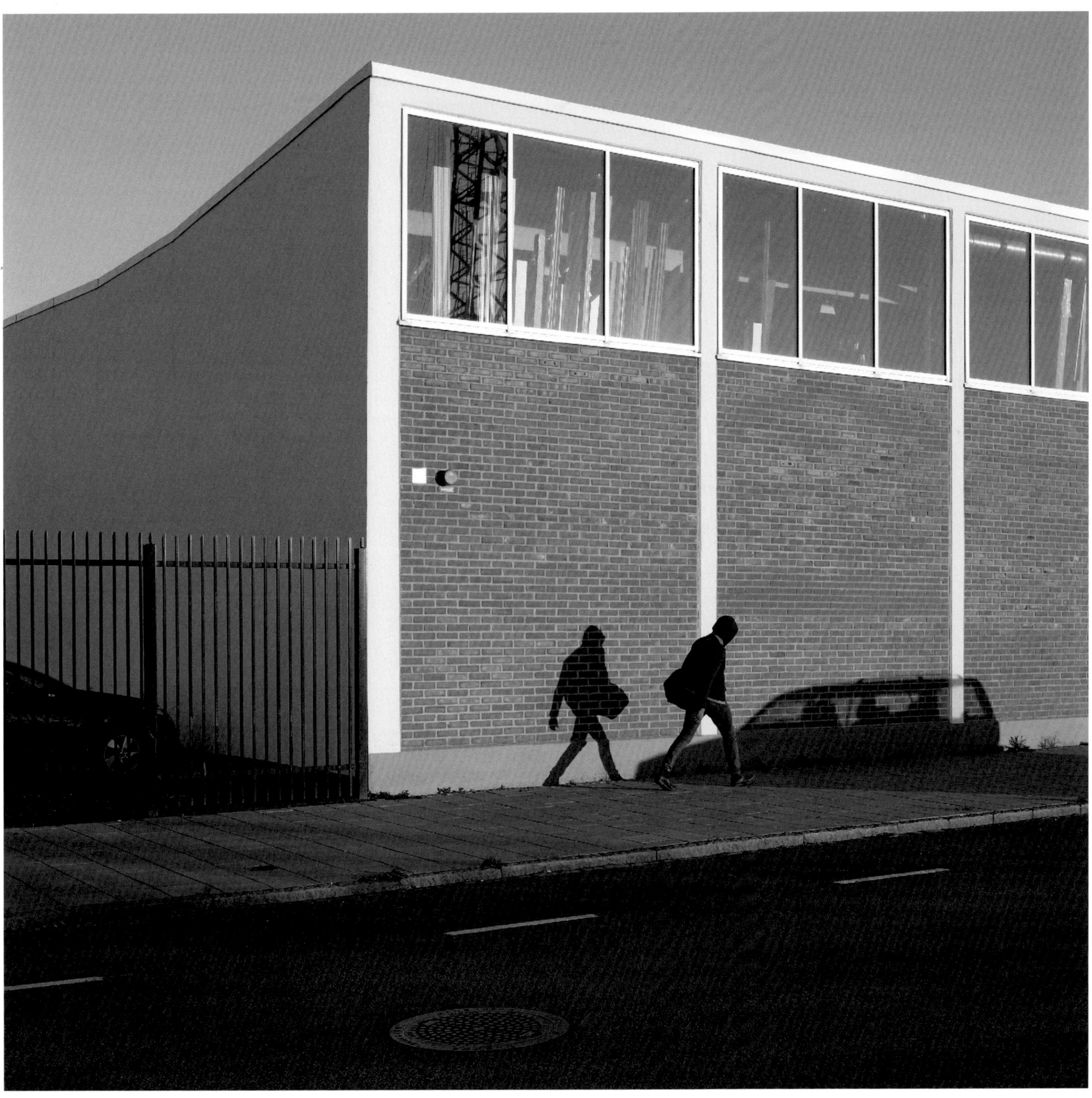

19:22:54

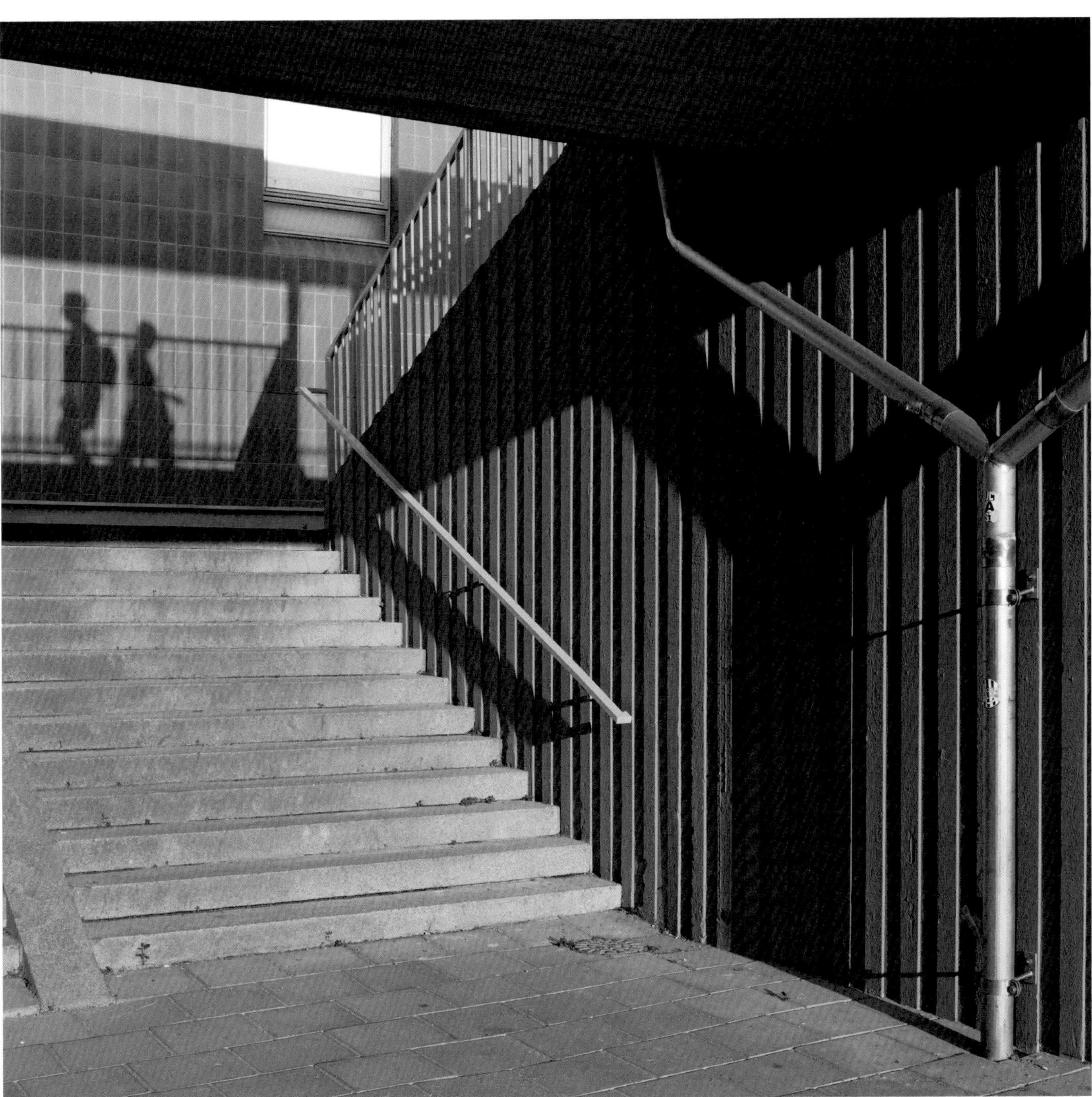

19:27:47

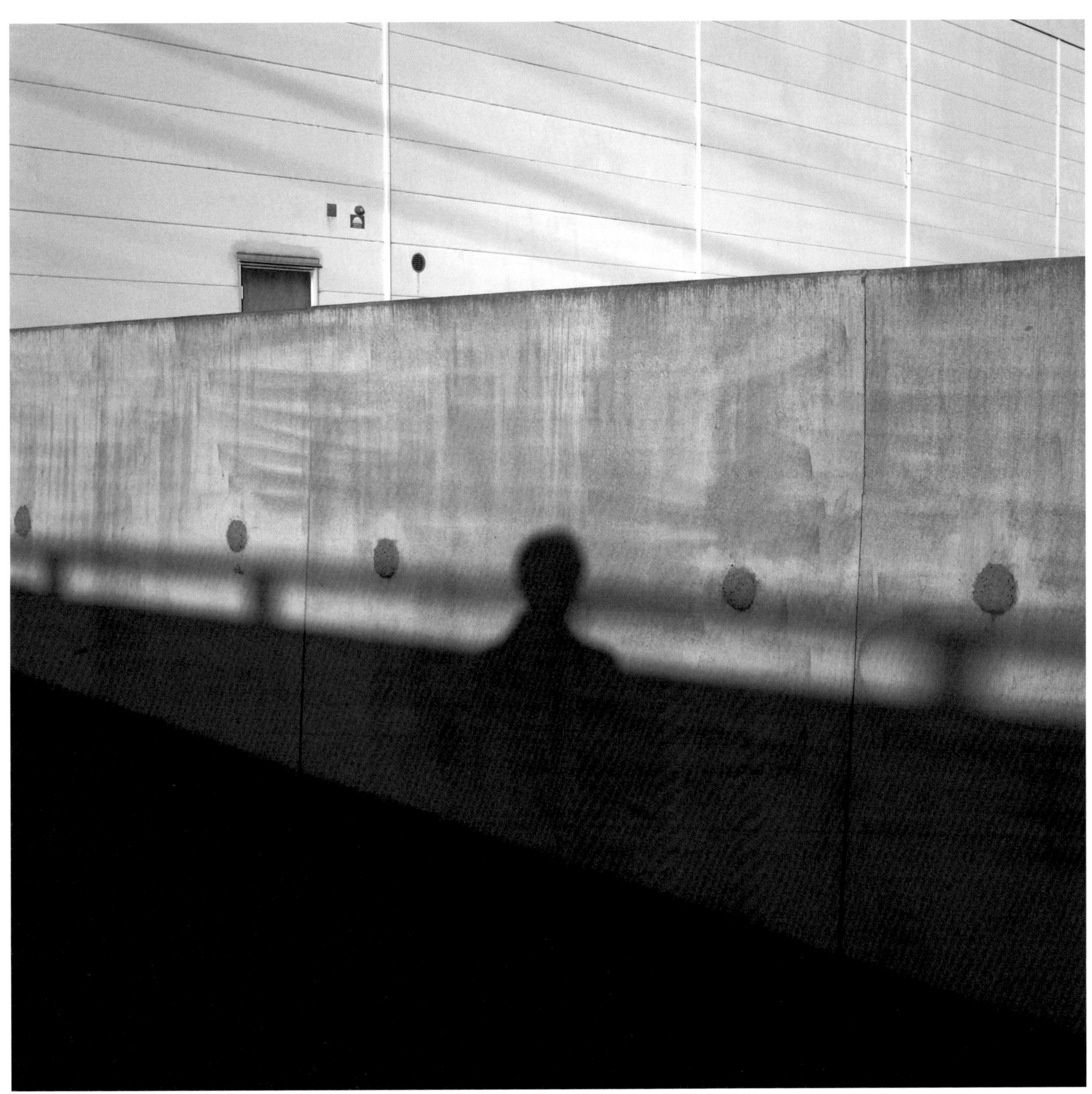

PHOTOGRAPHS
Jonas Dahlström

TEXTS
Petra Gipp and Jonas Dahlström

DESIGN
Rikard Österlund and Jonas Dahlström

PRODUCTION
Jens Bartneck / Kerber Verlag

PROJECT MANAGEMENT
Martina Kupiak / Kerber Verlag

SPECIAL THANKS TO:
Therese Arvidsson
Petra Gipp
Rikard Österlund
Zara Carpenter
Annika J Lindskog
Anna Clarén
Erik Danielsson
Gerry Johansson
Monika Plass
My parents
My friends from Biskops Arnö
Everyone who passed by my camera

Printed and published by
Kerber Verlag
Windelsbleicher Str. 166–170
33659 Bielefeld
Germany
+49 521 950 08 10
+49 521 950 08 88 (F)
info@kerberverlag.com
kerberverlag.com

Kerber publications are distributed worldwide:
ACC Art Books
Sandy Lane
Old Martlesham
Woodbridge, IP12 4SD
UK
+44 1394 38 99 50
+44 1394 38 99 99 (F)
accartbooks.com

Artbook | D.A.P.
75 Broad Street, Suite 630
New York, NY 10004
USA
+1 212 627 19 99
+1 212 627 94 84 (F)
artbook.com

AVA Distribution / Scheidegger
Obere Bahnhofstr. 10A
8910 Affoltern am Albis
Switzerland
+41 44 762 42 41
+41 44 762 42 49 (F)
avainfo@ava.ch

KNV Zeitfracht
Distribution
kerber-verlag@knv-zeitfracht.de

The Deutsche Nationalbibliothek
lists this publication in the Deutsche
Nationalbibliografie: dnb.de.

© 2020 Kerber Verlag, Bielefeld/Berlin,
Jonas Dahlström and Petra Gipp

ISBN 978-3-7356-0687-7
www.kerberverlag.com

Printed in Germany